KB067957

목소리 가드닝

아름다운 목소리를 위한 보이스 트레이닝

목소리 가드닝

이지안·김지선 지음

harmonybook

식물을 고를 때, 어떤 것들을 중요하게 보나요?

아름다운 꽃이 피어있거나, 잎이 윤기 나고 색깔이 선명한 식물을 선택합니다. 또 좋은 향기를 품고 있다면 더할 나위 없겠죠.

사람의 목소리도 이와 마찬가지입니다.

호감이 가는 사람은 따듯하고 아름다운 목소리, 전달력 있고 힘 있는 목소리, 풍부한 울림이 있는 목소리를 가지고 있습니다. 하지만 많은 사람들이 자신의 목소리를 가꾸는 방법에 대해 알지 못하는데요.

목소리를 정성껏 가꾸고 관리한다면 누구나 호감 가는 목소리를 만들 수 있습니다.

우리는 식물을 가드닝 하듯 각자의 목소리를 가드닝 해보고자 합니다.

예쁜 꽃을 피우기 위해선 각각의 식물 특성에 맞는 풍부한 햇빛, 물의 양, 적당한 바람이 중요하죠.

사람도 자신만의 목소리 씨앗을 가지고 있습니다.

씨앗의 본질을 바꿀 순 없지만, 앞으로 피어날 꽃의 형태와 색깔은 어떻게 가꾸어주느냐에 따라 달라질 수 있어요. 예쁜 목소리 꽃을 피우기 위해 각자 가지고 있는 목소리 씨앗을 호흡, 발성, 발음으로 가꾸어 봅시다.

나의 정원에 어떤 꽃이 피어날지 기대하는 마음으로 목소리 트레이닝을 시작해 볼까요?

Contents

다짐의 글

보이스 트레이닝 전, 목표를 이루기 위한 '나만의 원고'를 작성해보세요.
아래의 원고를 작성한 후, 영상으로 촬영해 나의 목소리를 자세히 들
어봅시다.

나의 목소리는_____다.

나는_____

_____목소리를 갖고 싶다.

앞으로 좋은 목소리를 만들기 위해

_____

나는_____노력할 것이다.

아름다운 목소리를 위한 〈목소리 가드닝〉

Step 1
목소리 씨앗 진단하기

누구나 좋은 목소리 씨앗을 가지고 있어요.
나는 어떤 목소리 특성을 가지고 있는지 진단해 보고,
아름다운 목소리 꽃을 피우기 위한 가드닝 계획을 세워 봅시다.

목소리의 중요성

다양한 목소리 사례들을 통해 나의 목소리는 어떤 씨앗인지 생각해 보세요. 전문가의 답변을 통해 나의 씨앗을 진단해 봅시다.

"마스크를 쓰고 말하면 사람들이 잘 못 알아들어요."

Q. 30대 프리랜서 김○○

코로나로 인해 평상시 마스크를 쓰고 이야기를 많이 하는 편이에요. 친구들이나 동료들과 대화를 하거나, 상점에 가서 물건을 구매할 때 소리가 작거나 부정확하다고 느껴져요. 상대방도 알아듣지 못하고 몇 번씩 다시 물어보는 경우가 많았어요. 나중에는 말을 최소한으로 하게 됐는데요. 고칠 수 있을까요?

A. 마스크를 쓰게 되면 상대방이 입모양을 보며 발음을 유추할 수 없기 때문에, 전달력이 필요해요. 정확한 발성법을 익혀서 마스크 밖으로 소리를 던지듯 보내는 연습을 해야 합니다. 또한 마스크 안에서 입모양을 크게 움직이며 또렷한 발음을 완성 시킬 수 있어요.

"화상회의를 할 때, 발음이 부정확하고 웅얼거린다는 이야기를 들었어요."

Q. 30대 직장인 최OO

외국계 회사를 다녀서 코로나로 인해 10개월 동안 재택근무 중입니다. 매일 아침 오전 화상회의를 시작으로 외국 바이어들과의 화상미팅도 진행하는데요. 가뜩이나 발음이 좋은 편은 아닌데, 화상으로 대화를 하다 보니, 말 전달이 더 원활하지 못한 것 같아요. 미디어를 통해 전달되는 목소리가 명확하지 못하다고 느껴지는데요. 유튜브를 찾아서 혼자 연습해 보려고 했지만, 그것마저 쉽지 않네요.

A. 영상으로 전달되는 음성은 미디어로 한 번의 변화 과정을 거치기 때문에, 대면할 때보다 전달력이 떨어지는 게 당연합니다. 마이크 종류나 성능에 따라 다를 수는 있지만, 많은 사람들 앞에서 이야기한다는 생각으로 단단한 음성을 만들어 주는 것이 중요해요. 또한 입모양으로 단어를 유추할 수 있도록 입 공간을 잘 활용해 발음해야 합니다.

"작고 자신감 없는 목소리가 고민이에요."

Q. 20대 여대생 이OO

학교 수업에서 발표를 할 일이 많은데, 목소리 때문에 스트레스 받아요. 교수님께서 "발표하는데 뭐라고 하는지 모르겠다"며 점수도 낮게 주셨어요. 교수님이 "연습이 부족한 거 같다"고 말씀하시는데, 저는 아무리 크게 말하려고 해도 목만 아프고, 잘 되지 않아요. 크게 말하면 소리는 커지지 않고 앵앵거리는 듯한 듣기 싫은 목소리가 나와요. 저는 아예 안 되는 걸까요?

A. 목소리는 훈련하면 충분히 변화할 수 있습니다. 단단하고 큰 목소리를 위해 발성연습을 하는 게 중요해요. 아랫배에 힘을 주고 힘 있게 멀리 던지는 연습을 해보세요. 앵앵거리는 소리는 비강을 많이 사용하기 때문입니다. 코 쪽으로 호흡을 뱉기보다는 아치를 열어 목구멍으로 소리를 내면 훨씬 세련된 목소리를 만들 수 있어요.

"저는 목소리가 어린아이 같다는 말을 많이 들어요."

Q. 20대 교사준비생 정OO

저는 교사를 꿈꾸며 임용고시를 준비하고 있습니다. 그런데 어린아이 같은 말투와 목소리 때문에 카리스마가 부족하다고 느껴져요. 사람들 앞에서 발표를 할 때 목소리가 떨려서 더 소리가 작아집니다. 전달력 있는 목소리로 학생들에게 신뢰감을 얻고 싶어요.

A. 작고 떨리는 목소리는 자신감과 호흡의 영향이 크기 때문에, 복식 호흡 훈련으로 자신감 있는 발성을 만들어 보세요. 또한 아치 개방 훈련으로 성숙한 목소리를 만들 수 있어요. 어린아이 같은 말투는 어미를 올리는 경우가 많은데, 아나운서처럼 일정하게 억양을 사용하는 방법으로 개선할 수 있습니다.

"말이 너무 빨라서 사람들이 다시 물어봐요."

Q. 20대 취업준비생 윤OO

면접을 준비 중인데, 말이 너무 빨라서 고민이에요. 준비된 말을 다 하려고 하다 보니 말만 빨라지고 전달이 잘 되지 않는 것 같아요. 실제로 면접관님이 "말이 너무 빠르다"라고 지적하셨어요. 면접 결과도 계속 좋지 않아서 답답해요. 저는 천천히 말한다고 하는데도, 듣는 사람은 여전히 빠르다고 하네요. 도대체 어떻게 하면 말의 속도가 느려지는 건가요?

A. 말이 빠른 경우, 숨을 제때 쉬지 않고 몰아치듯 이야기하는 경우가 많습니다. 정확한 위치에 쉼을 주는 훈련으로 속도를 제어할 수 있어요. 아나운서나 방송인들의 멘트를 따라 하며 적정 속도로 연습하는 것을 추천합니다.

"저는 그냥 말하는데, 화난 사람 같다고 해요."

Q. 40대 직장인 진OO

직급이 높아지면서 회사에서 일을 지시해야 하는 경우가 많습니다. 그 때마다 상대방이 오해하는 경우가 생겨요. 저는 아무렇지 않게 이야기 하는데, "기분 안 좋은 일이 있냐?"라고 하며 상대방이 기분 나빠하는 경우도 있었어요. 그래서 실제로 제 목소리를 녹음해서 들어본 적이 있는데, 정말 날카롭고 화가 난 목소리처럼 들리더라고요. 친절한 음성을 만들려고 흉내도 내봤는데, 오히려 어색하고 이상해요. 그래서 결국 친절함은 포기해버렸어요.

A. 친절함이 필요한 음성은 무조건 높다고 해서 완성되지 않습니다. 오히려 나의 평소 목소리 톤보다 반 톤이나 한 톤 정도 올렸을 때 더 안정감 있고 친절한 음성을 만들 수 있어요. 또한 포물선을 그리듯 억양을 사용해 보세요. 부드러운 느낌을 더 할 수 있습니다.

"조금만 말해도 금방 목이 쉬고 아파요."

Q. 30대 배우 김OO

저는 단역배우로 활동하고 있습니다. 사람들이 목소리가 좋다고 하는데, 대본 연습을 오래하면 목이 금방 아프고 자주 갈라집니다. 한 번은 목이 너무 아파서 이비인후과를 갔는데, 성대 결절 초기 증상이라고 하더군요. 이 상태로 계속 말하면 목소리가 더 탁해질 수 있다고 합니다. 앞으로 올바른 발성으로 목소리를 사용하고 싶어요. 그리고 연기를 할 때, 풍부한 감정까지 담고 싶습니다.

A. 목에 힘을 주며 말하는 것은 성대에 큰 무리를 줄 수 있어요. 복식호흡 훈련으로 목에 힘을 빼고, 뱃심으로 말하는 연습이 필요합니다. 정확한 발성은 말하는 사람도 편할 뿐만 아니라, 듣는 사람에게도 안정감을 줄 수 있어요. 또한 풍부한 감정을 키우기 위해서 5가지 강조법 활용과 다양한 원고 훈련을 추천드립니다.

"특정 발음이 안돼서 자신감이 떨어져요."

Q. 30대 회사대표 손○○

저는 경상도 토박이로 자라 사투리 억양과 발음이 심한 편입니다. 또 오랜 중국 유학 생활로 인해 발음이 어색하고, 억양에는 성조가 섞여 있는 것 같습니다. 특정 발음은 아무리 노력해도 쉽게 바뀌지 않네요. 회사 대표로서 미팅과 회의가 많은데, 사람들이 잘 알아듣지 못하고 신뢰감이 떨어지는 것 같아서 고민입니다.

A. 발음이 부정확한 경우는 혀의 위치와 입술의 움직임이 가장 큰 원

인입니다. 기본적인 발음 훈련을 통해 혀의 위치를 정확히 잡아주고, 입술을 활발하게 움직여주는 훈련이 필요해요. 사투리의 경우, 습관적으로 배어있는 발음과 억양을 표준 발음과 표준 억양으로 바꿔주는 연습을 해야 합니다. 아나운서들의 발음과 억양을 따라 하는 것도 큰 도움이 될 거예요.

목소리 진단법

나는 어떤 형태의 목소리 씨앗을 가지고 있는지 체크해 봅시다.

나의 상태를 정확히 알고 트레이닝을 시작하는 것이 중요합니다. 목소리 진단을 통해 자신의 목소리 특징을 파악하고, 그 특징에 맞춰 필요한 훈련을 집중적으로 해보세요.

☐ 나의 말 속도가 너무 느려 사람들이 지루해 한다.
☐ 말이 너무 빠르다는 말을 자주 듣는다.
☐ 조금만 말해도 목이 쉬거나 갈라진다.
☐ 말을 할 때 숨이 자주 차고, 말끝을 흐린다.
☐ 사람들이 내 말을 잘 알아듣지 못한다.
☐ 특정 발음이 어렵다.
☐ 말투가 어린아이 같다는 말을 듣는다.
☐ 콧소리가 심해 앵앵거린다는 소리를 들어봤다.
☐ 긴장하면 목소리가 심하게 떨리거나, 더듬는다.
☐ 목소리 톤이 너무 높아서 가벼운 느낌을 준다.

아름다운 목소리를 위한 〈목소리 가드닝〉

Step 2
목소리 씨앗 심기

아름다운 목소리 꽃을 피우기 위해서는 준비가 필요합니다.
가벼운 스트레칭으로 목소리 씨앗을 심어볼까요?

  좋은 목소리를 내기 위해서는 몸의 긴장을 풀어주는 것이 가장 중요해요. 아래의 순서에 따라 스트레칭을 해볼까요?

몸 스트레칭

바른 자세 - 목 돌리기 - 목 당기기 - 옆구리 스트레칭 - 허리 숙이기 - 허리 젖히기

- 발을 11자로 두고 허리를 세우고 바른 자세로 선다.
- 목을 오른쪽 방향으로 크게 원을 그리며 돌려준다.
반대 방향으로 반복한다.
- 오른손을 사용해 오른쪽 어깨로 고개를 내린다.
반대 방향으로 반복한다.
- 양손을 깍지 낀 상태로 뒤통수에 대고, 고개를 아래로 숙인다.
- 깍지 낀 상태에서 엄지손가락을 턱에 대고 고개를 뒤로 젖힌다.
- 양손을 머리 뒤에 대고 왼쪽, 오른쪽으로 허리를 구부린다.
- 허리를 숙여 손끝이 바닥에 닿도록 숙여준다.
- 양손을 허리에 대고 허리를 뒤로 젖힌다.

얼굴 스트레칭

정확한 발음을 위해서 안면 근육을 부드럽게 스트레칭해주세요.

손으로 볼 풀어주기 – 볼에 바람 넣기 – 혀 돌리기 – 똑딱똑딱 – 아에이오우

- 양손바닥을 볼에 대고 부드럽게 마사지한다.
- 볼에 바람을 빵빵하게 넣고 오른쪽, 왼쪽으로 바람을 이동시킨다.
- 혀로 입안을 시계방향으로 훑어준다. 반대 방향으로 반복한다.
- "똑딱똑딱" 소리를 내며 혀와 입 주변 근육을 움직인다.
- 입을 크게 벌려 "아, 에, 이, 오, 우"의 입모양을 만든다.

아름다운 목소리를 위한 〈목소리 가드닝〉

Step 3
목소리 새싹 틔우기

건강한 새싹을 틔우기 위해서는
풍부한 햇빛과 물의 양, 적당한 바람이 중요해요.
목소리 새싹을 틔우기 위한 기초 훈련을 시작해 봅시다.

복식 트레이닝

목소리 새싹을 틔우기 위해서 호흡, 발성, 발음을 훈련해 봅시다.

좋은 목소리를 내는 가장 기본은 복식호흡에서 시작됩니다. 배로 호흡을 하기 때문에 호흡량이 풍부해지고, 뱃심으로 힘 있는 목소리를 완성할 수 있어요. 평소에도 복식호흡을 사용할 수 있도록 아래의 연습을 꾸준히 해주세요.

연습 TIP

복식호흡이 제대로 되지 않는다면, 바닥에 바르게 누운 상태 혹은 ㄷ자로 숙인 채로 복식호흡을 해보세요. 배의 힘이 더 잘 느껴질 거예요.

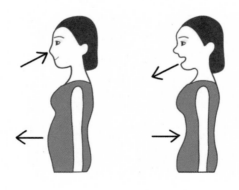

복식호흡 방법

1. 두 발을 11자로 만들고, 허리를 바르게 세운 상태로 선다.

2. 시선은 정면을 바라보고, 턱 끝을 살짝 당겨 몸이 일직선이 되도록 한다. (만약, 바른 자세가 힘들다면 발뒤꿈치부터 머리까지 벽에 기대어 몸을 일직선으로 만든다.)

3. 먼저 코로 숨을 들이마시며 배를 부풀린다. (어깨와 앞가슴을 최대한 움직이지 않도록 주의한다.) 거울 앞에서 복식호흡을 하며 몸의 움직임을 관찰하는 것이 좋다.

4. 입으로 숨을 뱉을 때에는 호흡이 정면으로 나가는 것을 느끼며 배를 수축시켜준다.

5. 3,4번을 여러 번 반복해 올바른 복식호흡이 되도록 훈련한다.

- 카.사.티 호흡법

이제는 다양한 연습 방법을 통해 호흡을 조절해 봅시다.

1) 카운트 호흡

카운트 호흡이란, 호흡량을 늘려주는 연습 방법을 말합니다.

복식호흡을 사용해 3, 5, 7, 9초로 호흡량을 점차 늘려주세요. 예를 들어, 코로 3초 숨을 들이마시고(들숨), 입으로 천천히 5초 동안 숨을 나누어 끝까지 내뱉어 봅시다(날숨).

1-1) 찬바람 뱉기

카운트 호흡법을 사용하며, 날숨에 찬바람을 '후~' 뱉어보세요.

코로 3초 마시고, 입으로 '후~~~' 5초 뱉기
코로 5초 마시고, 입으로 '후~~~' 7초 뱉기
코로 7초 마시고, 입으로 '후~~~' 9초 뱉기
코로 9초 마시고, 입으로 '후~~~' 12초 뱉기

1-2) 따듯한 바람 뱉기

카운트 호흡법을 사용하며, 날숨에 따듯한 바람을 '하~' 뱉어보세요.

코로 3초 마시고, 입으로 '하~~~' 5초 뱉기
코로 5초 마시고, 입으로 '하~~~' 7초 뱉기
코로 7초 마시고, 입으로 '하~~~' 9초 뱉기
코로 9초 마시고, 입으로 '하~~~' 12초 뱉기

2) 사운드 호흡

사운드 호흡이란, 소리를 들으며 일정하게 호흡량을 뽑아내는 연습 방법입니다. 카운트 호흡을 하며, 앞니 사이로 '스~' 소리를 내면서 호흡을 내보내주세요.

코로 3초 마시고, 입으로 '스~~~' 5초 뱉기

코로 5초 마시고, 입으로 '스~~~' 7초 뱉기

코로 7초 마시고, 입으로 '스~~~' 9초 뱉기

코로 9초 마시고, 입으로 '스~~~' 12초 뱉기

3) 티슈 호흡

티슈 호흡이란, 호흡을 멀리 밀어내는 정도를 눈으로 확인할 수 있는 연습 방법입니다.

1. 티슈 한 장을 얼굴에서 30센티 정도 간격을 띄어 들어준다.

2. 복식호흡을 '후~' 내뱉으며 티슈의 움직임을 눈으로 확인한다. 이때 뱃심을 느껴본다.

3. 티슈의 움직임을 확인하며, 5초간 날숨을 일정하게 유지한다.

4. 호흡량을 5, 7, 9, 12초로 점차 늘려간다.

발성 트레이닝

발성은 성대를 진동시켜 음성을 만들어 내는 것으로 조음과 함께 말소리를 만들어냅니다. 복식호흡, 아치 개방, 공명을 훈련하여 크고 좋은 발성을 만들 수 있어요. 좋은 목소리를 위한 발성 연습을 시작할게요.

– 아치 개방

목에서 아치란, 목젖이 위치한 입천장의 둥근 부분을 말합니다.
아치 개방을 하기 위해서 아치를 동그랗게 만들어 목젖이 보이도록 크게 열어주세요.

연습 TIP

아치 개방이 어렵다면, 이미지 트레이닝을 통해 상상을 하며 훈련해 보세요. (ex. 목구멍에 사탕이 걸린 느낌 / 물을 넣고 입안을 세척하듯 / 하품을 하듯)

바다　나라　사자　라면　사다리　아버지

오이　우유　어머니　호주머니　해바라기

소:중한 보:물　하늘 위에 구름　낮잠 자는 호:랑이

푹신한 침:대　뛰어노는[뛰여노는] 아이들　달콤한 과:일

구름 낀: 하늘에서 / 비가 내린다.

좋:아하는 아이가 / 옆집에 산다.

온 가족이 / 할머니를 뵈러 / 시골에 간다.

아버지를 찾아 / 하루 150리가 넘:는 길을 걸:었던, / 그리하여 / 멀:고 흰 강의 꿈을 꾸었던 / 오래전부터 시:작된 / 잠재적인 욕망의 실현이었다. / 사랑이, / 자유가 / 왜: 강물이 되지 못:하겠는가. / 겉으로는 흐르는 삶:이었지만, / 속:으로는 진실로 머물렀다고 / 자주 느끼기도 했으며, / 그래서 그는 / 머무르고 흐르는 / 강이 된 자신이, / 아주 자랑스러웠다. /

― 박범신 〈소금〉

삶:이란 / 다양한 상황, /

사:람과 / 관계를 맺으며 /

부딪쳐 보는 일:의 / 반:복입니다. /

어떤 상황에 / 부딪혔을[부디쳐쓸] 때 /

다른 사:람에게 / 조:언을 구해도 /

그것은 / 그 사:람에게 / 정:답일 뿐이죠. /

나에게도 / 정:답이라고 / 확언할 수는 없:어요. /

내가 걸어갈 길은 / 스스로 찾아보세요. /

가끔은 / 길을 잘못 들 수도 있어요. /

하지만 길을 잃어봐야 /

비로소 / 진실에 더 / 가까워질 수 있을 거예요. /

– 미키 마우스 원작 〈미키 마우스, 오늘부터 멋진 인생이 시작될 거야〉

- 공명

목소리는 후두의 성대가 진동하면서 나옵니다. 복식호흡으로 내뱉는 공기에 진동을 실어주는 공명 훈련을 통해 더 풍성하고 울림 있는 목소리를 만들 수 있어요. 나만의 편안한 음역대를 찾아보세요.

연습 TIP

성악가가 되었다고 생각해 보세요. 호흡을 바로 뱉어내는 것이 아니라 성악가가 풍성한 목소리로 노래를 하듯, 입안에 호흡을 머물게 한 뒤에 입안에서 호흡을 굴려서 뱉어 내주세요.

공명 훈련

1. 복식호흡을 사용해 나만의 편안한 음역대로 입안에 진동을 만든다. 입 주변에 손을 대고 진동을 느껴본다.

음~~~

2. 입술을 다문 채 호흡을 앞으로 밀어내듯 입안에서 굴리며, 더 강한 진동을 만든다.

음~~~~~~~~

3. 입안에 모아진 진동에 소리를 얹는다는 느낌으로 입을 벌려준다. 이 때, 소리를 앞으로 멀리 보내듯 던진다.

음~~~~~ 마~~~~~~~

4. 다양한 글자에 적용해 공명 훈련을 반복한다.

음~~~~~ 가~~~~~
음~~~~~ 나~~~~~
음~~~~~ 다~~~~~
음~~~~~ 라~~~~~
음~~~~~ 마~~~~~

5. 한 호흡으로 공명을 길게 사용해 본다.

음~~~~ 가~게~기~고~구~
음~~~~ 나~네~니~노~누~
음~~~~ 다~데~디~도~두~
음~~~~ 라~레~리~로~루~
음~~~~ 마~메~미~모~무~

6. 받침 발음으로 입안에 진동을 가둬 공명을 강하게 느껴본다.

음~~~ 맘~맘~맘~맘~맘~
음~~~ 멤~멤~멤~멤~멤~

음~~~ 밈~밈~밈~밈~밈~

음~~~ 몸~몸~몸~몸~몸~

음~~~ 뭄~뭄~뭄~뭄~뭄~

공명에 익숙해졌다면, 이제 다양한 소리로 진동을 느껴봅시다.

엄~~~~~~~

엄~~~~ 가~게~기~고~구~

엄~~~~ 나~네~니~노~누~

엄~~~~ 다~데~디~도~두~

엄~~~~ 라~레~리~로~루~

엄~~~~ 마~메~미~모~무~

함~~~~~~~~

함~~~~ 가~게~기~고~구~

함~~~~ 나~네~니~노~누~

함~~~~ 다~데~디~도~두~

함~~~~ 라~레~리~로~루~

함~~~~ 마~메~미~모~무~

험~~~~~~~~

험~~~~ 가~게~기~고~구~

험~~~~ 나~네~니~노~누~

험~~~~ 다~데~디~도~두~

험~~~~ 라~레~리~로~루~

험~~~~ 마~메~미~모~무~

공명을 실어 다양한 사자성어를 낭독해 봅시다. 받침발음과 이중모음 발음에 유의하여 진동을 실어보세요.

고~진~감~래~   초~지~일~관~   일~취~월~장~   개~과~천~선~

동~고~동~락~   과~유~불~급~   아~비~규~환~   어~부~지~리~

아래의 원고를 낭독하며, 입안에 느껴진 진동을 바로 밀어내 봅시다.

비~야~비~야~오~는~비~야~

꿩~의~길~로~가~거~라~

토~끼~길~로~가~거~라~

까~치~길~로~가~거~라~

우~리~오~빠~장~에~가~서~

소~금~하~고~저~고~리~감~하~고~

사~가~지~고~돌~아~올~때~

비~때~문~에~못~온~단~다~

– 비야비야

새~야~새~야~파~랑~새~야~녹~두~밭~에~앉~지~마~라~

녹~두~꽃~이~떨~어~지~면~청~포~장~수~울~고~간~다~

새~야~새~야~파~랑~새~야~전~주~고~부~녹~두~새~야~

어~서~바~삐~날~아~가~라~

댓~잎~솔~잎~푸~르~다~고~하~절~인~줄~알~았~더~니~

백~설~이~펄~펄~엄~동~설~한~되~었~구~나~

– 새야새야 파랑새야

– 짧은 발성법

이제는 다양한 발성법을 사용해 시원하게 뻗어나가는 목소리를 만들 거예요. 시작해 볼까요?

1) 스타카토 발성

스타카토 발성은 한 글자씩 힘 있게 뱉어내는 연습 방법입니다. 아랫배의 힘을 느끼며 다음 원고를 연습해 보세요.

하! 하! 하!

헤! 헤! 헤!

히! 히! 히!

호! 호! 호!

후! 후! 후!

하! 헤! 히! 호! 후!

가! 게! 기! 고! 구!

나! 네! 니! 노! 누!

다! 데! 디! 도! 두!

라! 레! 리! 로! 루!

마! 메! 미! 모! 무!

글자 사이사이에 (하) 발성을 넣어 아랫배의 힘을 유지하는 훈련을 해 봅시다. 반복 연습을 통해 배의 근육을 키울 수 있습니다.

안 (하) 녕 (하) 하 (하) 세 (하) 요 (하)
반 (하) 갑 (하) 습 (하) 니 (하) 다 (하)

나 (하) 만 (하) 이 (하) 내 (하) 인 (하) 생 (하) 을 (하) 바 (하) 꿀 (하) 수 (하) 있 (하) 다 (하)
아 (하) 무 (하) 도 (하) 날 (하) 대 (하) 신 (하) 해 (하) 줄 (하) 수 (하) 없 (하) 다 (하)
꿈 (하) 을 (하) 밀 (하) 고 (하) 나 (하) 가 (하) 는 (하) 힘 (하) 은 (하) 이 (하) 성 (하) 이 (하) 아 (하) 니 (하) 라 (하) 희 (하) 망 (하) 이 (하) 며 (하) 두 (하) 뇌 (하) 가 (하) 아 (하) 니 (하) 라 (하) 심 (하) 장 (하) 이 (하) 다 (하) 우 (하) 리 (하) 는 (하) 자 (하) 신 (하) 을 (하) 이 (하) 김 (하) 으 (하) 로 (하) 써 (하) 스 (하) 스 (하) 로 (하) 를 (하) 향 (하) 상 (하) 시 (하) 킨 (하) 다 (하)
자 (하) 신 (하) 과 (하) 의 (하) 싸 (하) 움 (하) 은 (하) 반 (하) 드 (하) 시 (하) 존 (하) 재 (하) 하 (하) 고 (하) 거 (하) 기 (하) 에 (하) 서 (하) 이 (하) 겨 (하) 야 (하) 한 (하) 다 (하)

이제, (하) 발성 없이 아랫배의 힘을 유지하는 훈련을 해봅시다.

생!기! 없!는! 나!무!에!서! 연!약!하!지!만! 잎!사!귀!가! 올!라!오!듯!

사!람!도! 가!끔!씩! 인!생!에!서! 힘!든! 시!간!을! 맞!닥!뜨!리!곤! 한!다!

비!록! 그! 상!황!이! 내!가! 원!하!지! 않!던! 방!향!으!로! 흘!러!가!거!나!

절!망!적!이!어!서! 견!디!기! 애!플!지!라!도!

어!느! 정!도!의! 시!간!이! 지!나!면! 결!국! 그!렇!게! 싹!을! 틔!운!다!

대!부!분!의! 나!무!들!이! 겨!울!의! 동!면!기!를! 제!대!로! 거!쳐!야!

꽃!을! 피!울! 수! 있!는! 것!과! 같!은! 원!리!가! 아!닐!까!

– 홍사라 〈꽃 한송이 하실래요〉

오!늘! 하!루! 나!에!게! 일!어!나!는! 모!든! 일!들!이!

없!어!서!는! 아!니! 될! 하!나!의! 길!이!된!다!

내!게! 잠!시! 환!한! 불! 밝!혀!주!는! 사!랑!의! 말!들!도!

다!른! 이!를! 통!해! 내! 안!에! 들!어!와!

고!드!름!으!로! 얼!어!붙!는! 슬!픔!도!

일!을! 해!다! 겪!게! 되!는! 사!소!한! 갈!등!과! 고!민!

설!명!할! 수! 없!는! 오!해!도!

살!아!갈!수!록! 뭉!게!뭉!게! 피!어!오!르!는!

나! 자!신!에! 대!한! 무!력!함!도!

내!가! 되!기! 위!해! 꼭! 필!요!한! 것!이!라!고!

오!늘!도! 몇! 번!이!고! 고!개! 끄!덕!이!면!서!

빛!을! 그!리!워!하!는! 나!

어!두!울!수!록! 눈!물!날!수!록!

나!는! 더! 걸!음!을! 빨!리!한!다!

– 이해인 〈길 위에서〉

2) 포물선 발성

포물선 발성은 포물선 모양으로 호흡을 밀어내는 연습 방법입니다.

아랫배 근육을 이용해 첫 글자의 호흡을 실어 힘 있게 소리를 보내봅시다.

안녕하세요

반갑습니다

안녕하세요, 반갑습니다.

아래의 낭독문을 포물선 발성법으로 낭독해 볼게요.

/ 표시가 있는 곳까지 한 호흡으로 밀어내 듯 발성해 봅시다.

엄마야 누:나야 / 강변 살자 /

뜰에는 / 반짝이는 / 금모래 빛 /

뒷문 밖에는 / 갈:잎의[갈:립쩨] 노래 /

엄마야 누:나야 / 강변 살자 /

– 김소월 〈엄마야 누나야〉

잠:시 책을 덮고 / 하늘을 보라. /

어제도 오늘도 / 태양은 늘 / 우리를 비추고 있다. /

늘 변:함없이 / 빛을 보내지만 /

가끔 구름에 가려 / 보이지 않을 때도 있다. /

희망도 그러하다. /

잠:시 가려질지언정 /

빛이 없:는 순간은 / 한 순간도 없:었고, /

앞으로도 없:을 것이다. /

부:디 / 잘 견뎌 내:기를 바란다. /

그래서 살아남길 바란다. /

당신의 존재가 / 곧 희망[히망]이고 승리다. /

– 최송목 〈사장으로 견딘다는 것〉

대:화의 예의[예이]는 / 경:청하는 자세다. / 대:화는 / 주고받는 것이고 / 말하는 사:람과 듣는 사:람 사이에 / 실:이 연결된 것과 같다. / 여기서 예:의는 / 그 실:을 잡은 손이 되고, / 이야기가 잘 전달되어 오도록 / 실:의 팽팽함을 유지해주는 / 서로의 사이에 놓인 간격도 된다. /

실:이 출렁이면 / 이야기가 잘 흐르지 못하고, / 실:이 꼬이거나 다른 곳에 연결되면 / 이야기가 들리지 않는다. / 예의는 / 대:화를 나누는 사:람들 사이에 / 적당한[적땅한] 간격이기도 하다. / 야:구를 떠올리자면 / 홈과 1루, / 2:루, / 3루의 간격과 같다. /

— 이영호 〈오프라 윈프리의 대화법〉

- 시 낭송

위에서 훈련한 방법들을 적용해, 풍부한 발성으로 감정을 실어 시 낭송을 해보세요.

연습 TIP

최대한 말하는 느낌을 살려서 낭독하면 더 자연스러운 소리가 완성됩니다.

너에게 꽃 한 송이를 준다.

아:무런 이:유가 없:다.

내 손에 그것이 있었을 뿐이다.

막다른 골:목길을 가다가

맨: 처음 만난 사:람이

바로 너였기 때문이다.

밤하늘의 별:들을 바라본다.

어둔 밤하늘에 별:들이 빛나고 있었고

다:만 내가 울:고 있었을 뿐이다.

– 나태주 〈꽃과 별〉

내가 걸어간 만큼이

내 인생의 깊이고,

내가 안아준 만큼이

내 사랑의 온도고

내가 용서한 만큼이

내 마음의 크기다.

살:다 보면 미운 사:람도 생기고,

실패의 고통도 겪게 될 것이다.

그래도 걸어라.

삶:의 골:목에서 만나는 모:든 사:람을 안아주고,

따뜻하게 손을 잡고 그들의 잘못을 용서하라.

그 순간에는 손:해를 보는 느낌이 들겠지만,

그대는 용서한 만큼 아름다워지리라.

이:해한 만큼 따뜻해지리라.

살아가는 만큼 빛나리라.

기억하라.

그대는 빛나기 위해 태어났다.

– 김종원 〈나는 빛나기 위해 태어났다〉

사:람이 온다는 건 사:실은 어마어마한 일이다.

그는 그의 과거와 현:재와 그리고

그의 미래와 함께 오기 때문이다.

한 사:람의 일생이[일쌩이] 오기 때문이다.

부서지기 쉬운 그래서 부서지기도 했을 마음이 오는 것이다.

그 갈피를 아마 바람은 더듬어 볼 수 있을 마음

내 마음이 그런 바람을 흉내 낸다면 필경 환대가 될 것이다.

– 정현종 〈방문객〉

발음 트레이닝

이번에는 발음에 대해 학습해 볼게요. 좋은 목소리를 완성하기 위해서는 정확한 발음이 필수입니다. 발음 연습을 할 때, 입과 혀의 움직임에 집중해 보세요.

연습 TIP

특히 입은 과할 정도로 크게 벌려야 해요. 가능하면 거울로 자신의 모습을 체크하며 연습해 보는 것을 추천합니다.

- 단모음

우선, 발음의 기초인 단모음부터 연습을 시작해 볼게요. 단모음은 소리를 낼 때, 혀의 위치나 입술의 모양이 처음부터 끝까지 같은 자리에 위치합니다. 그렇기 때문에 정확한 모양을 만들어 주는 것이 중요해요.

	ㅏ	입의 크기에 따라 치아 사이의 세로 간격을 3-4 센티 정도 벌려서 동그란 원을 만든다.
	ㅓ	입의 크기에 따라 치아 사이의 세로 간격을 2-3 센티 정도 벌려서 'ㅏ' 보다는 조금 작은 타원형의 입모양을 만든다.
	ㅗ	입을 둥글게 오므려 발음한다.
	ㅜ	입을 둥글게 오므려 'ㅗ'보다 아래턱을 위로 올려 발음한다.
	ㅡ	입술 끝 근육을 이용해 가로로 입을 벌려주며 아랫입술에 힘을 조금 실어준다.
	ㅣ	입술 끝 근육을 이용해 가로로 입을 벌려주며 입꼬리를 살짝 올려준다.
	ㅔ	'ㅣ'의 입모양에서 치아 사이 세로 간격을 1센티 정도 벌려준다.
	ㅐ	'ㅣ'의 입모양에서 치아 사이 세로 간격을 2센티 정도 벌려준다.

ㅏ	가방	바람	아리랑	하마	양말
ㅓ	버터	어머니	터미널	풍선	에어컨
ㅗ	손톱	조약돌 [조약돌]	토마토	코스모스	녹초
ㅜ	우:주	출구	훌라후프	눈물	추수
ㅡ	마스크	고드름	슬럼프	프랑스	스카프
ㅣ	기러기	비행기	머리띠	기미	미나리
ㅔ	세:계	베개	테라스	체코	텔레비전
ㅐ	패:배	태극기 [태극끼]	매미	개구쟁이	채:색

헤르만 헤세의 명언을 되새겼다.

크리스마스에 단호박 스프와 샌드위치를 만들었다.

택시에 캐리어를 싣:고[싣:꼬] 공항에 갔다.

산 너머 마을에 사는 재주꾼이 풍물놀이 공연을 한다.

티아라를 쓴 미스코리아가 빨간 립스틱을 바른다.

- 이중모음

이중모음은 서로 다른 두 개의 모음이 합쳐진 소리입니다. 정확한 발음을 위해 혀와 입술을 빠르게 움직여 보세요. 아래의 예시들을 천천히 그리고 정확하게 낭독해 봅시다.

ㅑ = ㅣ + ㅏ	야:구	야:외	야:자수	고양이	미얀마
ㅕ = ㅣ + ㅓ	여름	인형	과:녁	라면	열대야
ㅛ = ㅣ + ㅗ	요술	묘:기	효:도	표범	미:용실
ㅠ = ㅣ + ㅜ	규칙	우유	튜브	휴지	뮤지션
ㅐ = ㅑ + ㅣ	개	쟤	얘:기	섀도우	얘:깃거리 [얘:긷꺼리/얘:기꺼리]
ㅖ = ㅕ + ㅣ	예민	비계	차례	폐:기물	군계일학
ㅘ = ㅗ + ㅏ	과학	와인	소화	과:수원	객관식 [객꽌식]
ㅙ = ㅗ + ㅐ	왜곡	괭이	돼:지	쇄:신	횃불
ㅝ = ㅜ + ㅓ	권리	궁궐	원인	훠궈	회:원권 [훼:원꿘/회:원꿘]
ㅞ = ㅜ + ㅔ	궤:도	궷물	훼:손	위궤양	웨이브
ㅟ = ㅜ + ㅣ	뒷:골 [뒫:꼴/뒤:꼴]	칼귀	귓속말	위원장	휘파람
ㅚ = ㅗ + ㅣ	뇌물	된:장	외:교관	자물쇠	정:형외:과

건:강관리를 위해 규칙적인 운:동이 중:요합니다.

얘:들아, 겨울방학을 위한 생활계:획표를 만들자.

예식이 끝나고 웨딩 촬영을 위해 해:외여행을 떠났다.

그 효:자는 월요일[워료일]마다 외:할머니를 모:시고 병:원을 갔다.

휴양지에서 오션뷰를 보며 맛있는 저녁식사를 했다.

긴 낭독문을 통해 이중모음을 집중적으로 훈련해 봅시다.

우리는 한꺼번에 계:획할 때 가:급적 다양한 것을 선:택하려 합니다. 스탠포드 경영대:학원의 이타마르 시몬슨 교:수는 우리가 계:획할 때 가:급적 다양하게 선:택하려는 심리적 압박을 다양화 편향이라고 불렀습니다. 언뜻 생각하면 다양한 것이 좋:은 것 같습니다. 어쨌든 '이:왕이면 다홍치마'니까요. 하지만 우리의 목표나 선:호와 관련 없:는 다양성은 실패하기 딱 좋:은 조건입니다.

따라서 계:획은 한 번에 하나씩 실천하는 것이 최:선입니다. 버킷리스트 같은 환:상은 현:실 세:계에서 실천하기 매우 어렵습니다. 내가 좋:아하고 잘할 수 있는, 나에게 필요한 계:획을 하나라도 실행하고 다음 계:획을 생각해 보는 편이 현명합니다.

– 박진우 〈일하는 마음의 작동법〉

- '의' 발음 연습법

'의'는 두 개의 모음이 합쳐진 소리로, 혀의 위치와 입술의 모양을 빠르게 변화해야 정확한 발음을 완성할 수 있어요. 특히 이중모음 중 유일하게, 소리를 내는 방법이 4가지로 나뉩니다.

'의' = '으' + '이'

1) 첫 음절 '의'
'의'가 첫 음절에 있을 경우, [으+이]로 발음한다.

의자   의료   의원   의인화   의식주

2) 첫 음절 이외 '의'
'의'가 중간 또는 끝에 있을 경우, [이]로 발음할 수 있다.

신의[신이/신의]   물의[물이/물의]   여의도[여이도/여의도]
한의사[한이사/한의사]   모의평가[모이평가/모의평가]

3) 조사 '의'
'의'가 조사로 있을 경우, [에]로 발음할 수 있다.

너의 꿈[너에 꿈/너의 꿈]   닭의 울음[닭에 울음/닭의 울음]

한여름의 더위[한여름에 더위/한여름의 더위]

4) 예외 'ㅢ'

'희, 늬' 등에서는 [ㅣ]로 발음한다.

희망[히망]   흰색[힌색]   희소식[히소식]

하늬바람[하니바람]   띄어쓰기[띠어쓰기]

'ㅢ' 4가지 발음법에 유의하며 짧은 문장을 낭독해보세요.

의사는 민주주의의[민주주이에/민주주의에] 의:미를 되새겼다.

그 학생은 교수님의 의:견에 동의[동이/동의]했다.

그는 강한 의지로 강:의실[강이실/강의실]에서 한참을 공부했다.

친구에게 줄무늬[줄무니] 우산을 씌워[씨워]줬다.

희생자[히생자]의 가족들에게 예의[예이/예의]를 갖춰 인사했다.

긴 낭독문을 통해 'ㅢ' 4가지 발음을 집중적으로 훈련해 봅시다.

의대 정:원 확대 추진과 관련해 전공의[전공이]들이 집단 휴진에 나선 데 이어 동:네 의원까지 휴진을 예:고하자 정부가 대:화와 협의[혀비]로 문제를 해:결하자고 의료계에 요청했습니다. 보건복지부 장:관은 어제 중앙재난안전대:책 본부 브리핑에서 "정부와 의료계 간의 소통협의체[소통혀비체]를 구성해 협의[혀비]하자"고 말했습니다. 앞서 정부는 의료계의 요구를 반영해 보:건의료 주요 현:안을 논의[노니]할 수 있는 '보건의료발전협의체' 구성을 제안했습니다.

대:학 초년생 때 자본주의의[자본주이에] 모순과 한계, 대:안 모색에 관한 급진적인 책들을 탐독하고[탐도카고], 졸업 무렵부터는 자본주의의 형성, 그 근본 철학, 수정자본주의[수정자본주이]로의 발전 과:정을 공부했으니 어쩐지 거꾸로 된 일이다. 그건 어쩌면 나뿐만 아니라 우리 사회 전체가 그랬는지도 모를 일이다. 자본주의의 체제이면서도 그 정치적 기본 토대인 자유주의와 민주주의를 제대로 체화하지 못한[모탄] 이:유도 제대로 된 순:서를 밟지 못했기 때문 아닐까. '비동시성[비동시썽]의 동시성'이라는 말로 설명할 수 있을지도 모르겠다. 이는 독일 철학자 에른스트 블로흐가 전근:대성[전근대썽], 근:대성, 탈근:대성이

공존하던 1930년대 독일 사회를 규정하기 위해 사용한 개:념이다. 서로 다른 시대의 특징이 같은 시대에 나타난다는 말이다. 내 대:학 시절의 한:국사회도 그랬다. 고도성장기의 자본주의, 전체주의적인 군부독재, 전근:대적인 가부장제 문화, 그리고 이에 대한 저:항 이:념인 2:0세:기 초반의 러시아혁명 이:론부터 2:0세:기 후:반 유럽의 후:기 마르크스주의, 심지어 또 다른 전체주의인 주체사:상까지 혼재했던 것이다.

– 문유석 〈개인주의자 선언〉

- 자음

  정확한 자음의 소리를 완성하기 위해서는 혀의 위치와 공기의 흐름
이 중요해요. 선천적 혹은 후천적으로 혀의 위치가 틀어져 있거나, 밀
어내는 호흡을 잘 활용하지 못해서 부정확한 발음이 나타납니다. 각각
의 자음을 발음하며, 자신의 혀의 위치와 공기의 흐름을 천천히 느끼고
소리 내어 보세요.

  1) 파열음 : 파열음은 폐에서 나오는 공기를 막았다가 내는 소리를 뜻
합니다.

  두 입술을 붙였다 떼면서 내는 소리 ㅂ, ㅃ, ㅍ
  혀 앞쪽을 윗잇몸에 붙였다 떼면서 내는 소리 ㄷ, ㄸ, ㅌ
  혀 뒤쪽을 여린입천장에 붙였다 떼면서 내는 소리 ㄱ, ㄲ, ㅋ

  두 입술을 붙였다 떼면서 내는 소리인 'ㅂ, ㅃ, ㅍ' 발음 훈련을 시작
해 볼까요?

  ㅂㅂㅂㅂㅂㅂㅂ

  ㅃㅃㅃㅃㅃㅃㅃ

  ㅍㅍㅍㅍㅍㅍㅍ

ㅂ(비읍)

 양 입술을 다물었다가 벌려 입안의 공기를 밖으로 터뜨릴 때 나는 소리입니다.

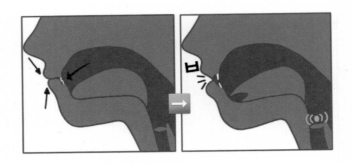

바둑   버스   부:자   배:경   변비

밤:나무   번데기   보조개   비행기   백화점[배콰점]

바나나를 바구니에 담:아 보:관했다.

바람이 불:자 나뭇잎[나문닙]이 바닥에 떨어졌다.

우리는 바닷가 바위 위에 앉아 별:을 바라봤다.

ㅃ(쌍비읍)

'ㅂ' 발음보다 입술에 더 강한 힘을 주어 내는 소리입니다.

빨대   뺄:셈   뽕잎[뽕닙]   뿌리   호빵

빼빼로   뺑소니   뻥튀기   뼈다귀   뾰족구두

뺨에 뾰루지가 빨갛게[빨가케] 올라왔다.

아빠를 빼:닮은[빼:달믄] 예:쁜 딸이 삐:쳐서 뾰로통했다.

빵집에 뿌:연 연기가 가득해 빠르게 빠:져나왔다.

긴 낭독문을 통해 'ㅂ, ㅃ' 발음을 집중적으로 훈련해봅시다.

블랙홀은 질량이 큰 **별**:이 소멸할 때 생긴다. 죽어가는 **별**:은 **붕**괴되어 점:점 작아지고 밀도는 점:점 커져 결국 크기는 **없**:지만 밀도가 무한히 큰 하나의 점으로 **압**축된다. 그 점은 특이점이라 하는데, 밀도가 매우 커서 **빛**조차 특이 점의 중:력[중:녁]을 **빠**:져 나갈 수 **없**:다. 블랙홀 주**변**의 모:든 것은 암:흑 속 :으로 **빨**려들어 가게 된다.

로켓이 우:주 공간으로 **발**사될 때 지구의 중:력을 **벗**어나려면 충**분**히 **빠**른 속 도로 탈출해야 한다. 적절한 속도에 이르지 못:하면 지상으로 떨어진다. **블랙** 홀의 중:력은 매우 강력해서 블랙홀을 **빠**:져나가려면 탈출 속도가 **빛**의 속도 **보**다 **빨**라야 한다. 하지만 **빛보**다 **빨**리 이동할 수 있는 물질은 **없**:고, 즉 아:무 것도 블랙홀을 **빠**:져 나갈 수 **없**:다. 탈출 속도가 **빛**의 속도가 되는 특이점 주 **변** 경계선을 우리는 '사:건의 지평선'이라 **부**른다. 사건의 지평선 안쪽으로 떨 어지는 것은 모두 특이점으로 **빨**려 들어간다.

물론 이것은 모두 이:론에 **불**과하다. 블랙홀은 어떤 **빛**도 **방**:출하지 않으므로 눈으로 블랙홀을 볼 수는 **없**:다. 우리가 블랙홀의 존재를 알:수 있는 것은 **블** 랙홀의 질량에 작용하는 다른 천체들이 있기 때문이다. 블랙홀은 밀도가 아주 높아서 **빛**도 휘어지게 할 수 있다. 그 효:과에 의해 지구에서 과학자들이 관측 할 때 하나의 **별**:이 여러 개의 이미지로 **보**일 수 있으며 그 **별**:과 지구 사이 어 딘가 블랙홀이 있다고 유:추한다.

– 데이비드S.키더, 노아D.오펜하임
〈1일 1페이지, 세상에서 가장 짧은 교양 수업 365〉

ㅍ(피읖)

목젖으로 콧길을 막고 두 입술을 다물었다가 뗄 때, 거세게 나는 무성 유기 파열음입니다.

종성일 때는 두 입술을 떼지 않고 막기만 해서 내는 소리로 'ㅂ'의 경우와 같아요.

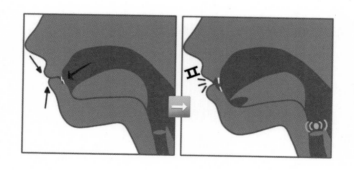

파도   퍼즐   포:수   패션   평야

포:물선[포:물썬]   풀냄:새   필수품[필쑤품]   폐:기물[폐:기물]   플라스틱

포도주는 프랑스 문화를 대:변한다.

파티에 필요한 풍선과 샴페인을 준:비했다.

메뉴판에 있는 피자와 스파게티를 포장해 달라고 요청했다.

긴 낭독문을 통해 'ㅍ' 발음을 집중적으로 훈련해 봅시다.

끝없는[끄덥는] 커튼 같은 **푸**른 하늘이 우리 머리 위로 떠오르고

광:활한 바다 같은 **푸**른 들:녘이 우리 눈 **앞**에 **펼**쳐져

파란색으로 도배된 세:상을 당신과 함께 걷는다.

당신과 함께 걷는 이 길의 끝에 **펼**쳐진 세:상이

칼날[칼랄] 위로 걸어가는 한 마리 짐승처럼 험:하고

마지막을 울부짖는 한 마리 새처럼 비:참하여도

세:상은 아름다우리라.

– 김수운 〈너와 걷는 길〉

혀 앞쪽을 윗잇몸에 붙였다 떼면서 내는 소리인 'ㄷ, ㄸ, ㅌ' 발음 훈련
을 시작해 볼까요?

ㄷㄷㄷㄷㄷㄷ

ㄸㄸㄸㄸㄸㄸ

ㅌㅌㅌㅌㅌㅌ

ㄷ(디귿)

혀 앞쪽을 윗잇몸(치경)에 대어 입길을 막았다가 혀를 아래로 떼면서
터져 나오는 소리입니다.

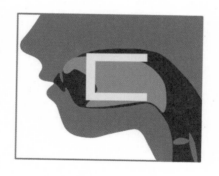

단어	도:구	두유	대:면	등교
다리미	단팥죽[단팥쭉]	도라지	대나무	대:통령[대:통녕]

동:네 어:른들에게 다과를 대:접했다.

다음 주에 독도에 다녀올 예:정이다.

동생과 이리저리 돌아다니다 밤늦게 집에 들어갔다.

ㄸ(쌍디귿)

'ㄷ' 발음보다 혀 앞쪽에 더 강한 힘을 주어 내는 소리입니다.

딸:기   떡잎[떵닙]   뗏목[뗀목]   뚜껑   뚝심

뜀박질   뜨개질   따옴표   딱따구리   똑딱단추

딴생각을 하며 뛰어 놀:다 딱딱한 모서리에 부딪혔다[부디쳐따].

뜨끈뜨끈한 떡국을 먹으며 땀을 흘렸더니 땀띠가 났다.

뙤약볕[뙈약뼏/뙤약뼏] 아래에서 나무꾼이 땔:감을 땅바닥에 쌓고 있다.

긴 낭독문을 통해 'ㄷ, ㄸ' 발음을 집중적으로 훈련해 봅시다.

자기 자식은 지극히 사랑하면서 남의 자식에게는 매몰찬 사:람이 있**다**. 자기 자식은 금처럼 귀:**한데** 며느리나 사위는 한 번**도** 남의 집 귀:한 자식이라는 생각을 해: 본 적이 없:는 것이**다**. 돈:에 대:해서**도** 같은 태:**도**를 지닌 사:람**들**이 있**다**. 내 **돈**:은 엄청 아끼고 절**대**로 함부로 사:용하지 않으면서 공금이나 세:금의 사:용에 **대**:해선 무심한 사:람들을 간:혹 본**다**. 가볍게는 친구가 밥을 사는 차례에는 비싼 것을 주:문하거나 **단**체 회:식비:용이 몇 사:람의 과:한 술값[술깝]으로 지불**되**는 경우가 있**다**. 무겁게는 국가의 세:금이 **들**어간 기물이나 물품을 훼:손하거나 국가보:조금을 부풀려 **받**아 내거나 세:금을 탈세하는 경우**도** 있**다**. 공금, 세:금, 회:비, 친구 **돈**:, 부모 **돈**:은 모**두** 남의 **돈**:이**다**. 남의 **돈**:을 **대**:하는 태:**도**가 바로 내가 **돈**:을 **대**:하는 진짜 태:**도다**. 내가 존중**받**으려면 먼저 존중해야 하**듯** 내 **돈**:이 존중**받**으려면 남의 **돈**:**도** 존중해줘야 한**다**. 남의 **돈**:을 함부로 하지 않을 **때** 내 **돈**:**도** 함부로 취:급**받**지 않는**다**. 남의 **돈**:을 존중하**다** 보면 그 **돈**:이 내 **돈**:이 **되**는 일**도** 있기 **때문이다**.

– 김승호 〈돈의 속성〉

ㅌ(티읕)

목젖으로 콧길을 막고 혀끝을 치조에 대었다가 뗄 때에 거세게 나는 무성 유기 파열음입니다. 종성일 때는 혀 앞쪽과 치조 사이를 막기만 해서 내는 소리인 'ㄷ'과 같아요.

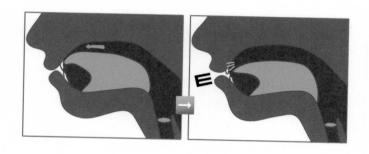

터키　　택배　　투수　　통장　　튜닝

탕수육　　태극기[태극끼]　　테이프　　태권도[태꿘도]　　투우사

낡은 택시는 털거덕 소리를 내며 달렸다.

특수부대를 투입해서 적진으로 침:투했다.

토요일마다 새터민 가정 아이들에게 태권도를 가르쳤다.

긴 낭독문을 통해 'ㅌ' 발음을 집중적으로 훈련해 봅시다.

그런데 어느 날 **토**마스라는 프라하의 점:잖은 의사가 **테**레사가 일하는 식당에 찾아오죠. 그리고 말을 겁니다. 그는 책을 펼쳐 들고는 정:중하게 **테**레사를 부르죠. 그녀의 영혼에 노크를 한 거예요. **테**레사는 직감적으로[직깜저그로] 그가 육체의 세:계에 있는 사:람들과 다르다는 걸 알죠. 그런데 사:실 **토**마스는 굉장히 육체적인 사:람이었어요. 돈 후안 같은, 그래서 **테**레사에게도 별생각 없이 연락처를 건:넵니다. 늘 하던 대로 말이죠.

그러나 **토**마스가 영혼의 세:계에 있는 사:람이라고 철석[철썩]같이 믿고 있는 **테**레사는 무작정[무작쩡] 그를 찾아 프라하로 가죠. 그리고 그의 집 앞에 도착합니다. 안 받아줄지도 모르지만, 그래도 자신이 육체의 세:계에서 영혼의 세:계로 한 걸음 나아갈 수 있는 유일한 길은 그것뿐이니까요. 도박을 한 겁니다. **테**레사는 **토**마스가 읽고 있었던 **톨**스**토**이의, 『안나 카레리나』를 들고 벨을 눌러요. 그녀에게는 오직 그것만이 영혼의 세계로 들어가는 **티**켓이었어요. 나도 당신들처럼 책을 읽고, 영혼이 있는 사:람임을 보여 줄 수 있는 유일한 입장권[입짱꿘]이었던 겁니다.

– 박웅현 〈책은 도끼다〉

혀 뒤쪽을 여린입천장에 붙였다 떼면서 내는 소리인 'ㄱ, ㄲ, ㅋ' 발음 훈련을 시작해 볼까요?

ㄱㄱㄱㄱㄱㄱㄱ

ㄲㄲㄲㄲㄲㄲㄲ

ㅋㅋㅋㅋㅋㅋㅋ

ㄱ(기역)

혀 뒤쪽을 높여 입천장(연구개) 안쪽을 막았다가 혀를 아래로 떼면서 터져 나오는 소리입니다.

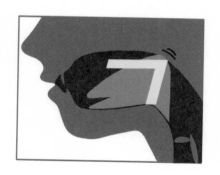

감:기   거리   개:미   기술   과자

강아지   고:구마   기러기   개:나리   광화문

그는 강남에 가:게를 가지고 있다.

거미가 거미줄에 걸린 먹이를 향:해 기어오른다.

가을이면 우리 집 감:나무에 감:이 주렁주렁 열린다.

ㄲ(쌍기역)

'ㄱ' 발음보다 혀 뒤쪽에 더 강한 힘을 주어 내는 소리입니다.

까:치	꼭지	깻잎[깬닙]	끗발[끋빨]	끼니
깍쟁이	꼬리표	꾸밈새	사냥꾼	꽹과리

꼬맹이가 꼬르륵 배가 고파 꽈:배기를 먹었다.

버려진 깡통과 꼬챙이를 끈기를 갖고 깨끗하게 치웠다.

어저께 꽃잎이[꼰니피] 그려진 꼬:까신을 신:고 놀러가는 꿈을 꿨다.

긴 낭독문을 통해 'ㄱ, ㄲ' 발음을 집중적으로 훈련해 봅시다.

사랑이 마음대로 되지 않**거**나 불안해지면 이런 생**각**을 했던 **것 같**다. 처음 태어날 때부터 사랑의 **작대기**[작때기]처럼 미리 정해져 있으면 좋:을 텐데 하는 생**각**. 그러면 그 사:람이 내 마음**과 같을까** 마음 졸일 필요도 없:**고**, 이:미 연:인이 있는 사:람을 사랑하**게** 될 일:도 없:을 **거고**, 무엇보다 난 아**직** 그대로인데 상대방의 사랑이 **끝나가**는 **게** 눈에 보일 때의 절망**감**도 없:을 테니**까** 말이다. 사랑이 그 단어 그대로 늘 아름답**기**만 하면 얼마나 좋:**을까**.

 아네모네의 **꽃말인**[꼰마린] '제 **곁**에 있어 줘서 **고:**마웠어요'처럼 **과:거**형으로 맺어야 하**거**나, '나는 당신을 영:원히 사랑할 **거예요**, 비**록** 날 사랑하지 않더라도'처럼 집**착적**인 미:래형으로 **끝**나지 않을 순 없:을**까**. 영:원할 수 없:더라도 이:**기적**이지 않은, 그런 예의 있는 사랑 말이다. 아:무리 많:은 사:람을 만나도, 사랑을 여러 번 반:**복**해도, 나이**가** 들어**가**도, 사랑은 참 쉽:지도 **익숙**해지지도 않는 **것 같**다.

– 홍사라 〈꽃 한 송이 하실래요〉

ㅋ(키읔)

목젖으로 콧길을 막고, 혀 뒤쪽을 높여 연구개에 붙여 입길을 막았다가 뗄 때, 거세게 나는 무성 유기 파열음입니다. 종성일 때는 혀 뒤쪽으로 연구개를 막아서 'ㄱ'과 같아집니다.

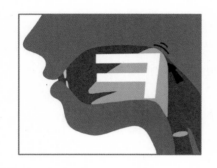

카드   커리   키위   코트   쿠키

코스피   캐리어   콩가루[콩까루]   컴퓨터   큐알코드

캠퍼스에 코스모스가 만:개했다.

카페인이 함유된 커피 대신 콜라를 좋:아한다.

조카와 함께 크레파스로 코끼리와 캥거루를 그렸다.

긴 낭독문을 통해 'ㅋ' 발음을 집중적으로 훈련해 봅시다.

동화 빨간 망토에 등장하는 **커**다란 나쁜 늑대, 미국 **컨**트리 음악 속에 나오는 **크**고 나쁜 존, 소:설과 영화 속의 빅 브라더, 옛:날 이야기부터 포**크**송에 이르기까지 **큰** 것이 나쁘거나 위험하다는 생각은 아주 오래전부터 존재해왔다. 하지만 이것은 사:실이 아니다. **큰** 것이 위험할 수도 있고 위험한 것이 **클** 수도 있지만, 그 둘은 동일한 단어가 아닐뿐더러 연관되어 있는 단어도 아니다. **큰** 것이 위험하다는 말은 거:짓이다.

어쩌면 세:상에서 가장 심한 거:짓말 일지도 모른다. **큰** 성공을 두려워하면 성공을 피하거나 그것을 이루기 위한 노력을 중단할 수 있기 때문이다. 누가 **큰** 것을 두려워하는가?

– 게리 켈러, 제이 파파산 〈원씽〉

2) 파찰음 : 폐에서 나오는 공기를 막았다가 떼며 서서히 터뜨리면서 마찰을 일으켜 내는 소리를 뜻합니다.

혀를 윗잇몸에 대어 소리를 막았다가 떼어 혀를 경구개 가까이 붙여 내는 소리 ㅈ, ㅉ, ㅊ

ㅈㅈㅈㅈㅈㅈㅈ

ㅉㅉㅉㅉㅉㅉㅉ

ㅊㅊㅊㅊㅊㅊㅊ

ㅈ(지읒)
혓바닥을 경구개에 넓게 대었다가 터뜨리면서 마찰도 함께 일으키며 내는 무성 파찰음입니다. 성대를 울리며 소리를 내요. 종성일 때는 혀 앞쪽으로 치조를 막아서 'ㄷ'과 같아집니다.

주의할 점
늘리듯 굴려 발음하면 '쟈아~'로 발음할 수 있으므로 주의한다.

 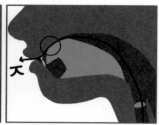

조롱   재미   자랑   저:장   주걱

자신감   주머니   저:금통   종:아리   지우개

졸:음이 쏟아지는 주말에는 낮잠을 늘어지게 잔다.

제주도에서 자전거를 종일 탔더니 종:아리가 아프다.

지방에서 지내던 주영이가 서울에 취:직을 해서 보금자리를 잡았다.

ㅉ(쌍지읒)

'ㅈ' 발음보다 혓바닥에 더 강한 힘을 주어 내는 소리입니다.

짝수   짬뽕   쪽문[쪽문]   쫄면   찜질

찔레꽃   찌꺼기   짝짓기[짝찐끼]   짜임새   쪽가위[쪽까위]

짭조름한[짭쪼름한] 된:장찌개를 쩝쩝거리며 먹었다.

요즘 부쩍 짜증이 늘어난 짝꿍이 쩌렁쩌렁 소리쳤다.

짝사랑했던 그녀 앞에서 어쩔 줄 몰라 쭈뼛거리며 쩔쩔맸다.

긴 낭독문을 통해 'ㅈ, ㅉ' 발음을 집중적으로 훈련해 봅시다.

정:의라는 논**점**[논쩜]은 여성도 투표권[투표꿘]이라는 양:도할 수 없는 권리[궐리]를 **지**녔다는 **점**을 강:**조**하는 공**정**함에 초**점**[초쩜]을 두었다. 사회 혁신 논**점**은 인**자**하고 가:**정**을 돌보고 도:덕**적**인 성:품을 **지**닌 여성들이 나라를 발**전**시키는 데 기여할 수 있다는 **점**을 강:**조**하는 사회**적** 선:에 초**점**을 두었다. 당시 **정**:의의 논**점**은 과:격한 **주장**으로 여겨**졌**다. 여성과 남성이 모든 분야에서 동:등하다는 **주장**을 함으로써 **전**통적인 성 역할에 대한 고**정**관념을 깼기 때문이다. 사회 혁신 논**점**은 보다 온건한 **주장**이었다. 보수성:향인 사람들이 이미 사:**적**[사쩍]인 삶에서 소:**중**하게 여기는, 여성만이 **지**닌 특**징**[특찡]들이 공**적**[공쩍]인 삶에서도 기여할 수 있다는 **주장**을 함으로써 기**존** 성 역할에 대한 고**정**관념을 뒷:받침 해**주**었기 때문이다. 투표권을 얻은 여성은 '공**적**인 모:성애'를 발휘해서 교:육을 활성화하고, **정**부의 부패를 막고, 가난한 사람들을 도움으로써 사회에 기여할 수 있다는 **주장**이었다.

– 애덤그랜트 〈오리지널스〉

ㅊ(치읓)

'ㅈ'과 마찬가지로, 혓바닥을 경구개에 넓게 대었다가 터뜨리면서 마찰도 함께 일으키며 내는 무성 파찰음입니다. 'ㅈ'보다 더 힘 있게 날숨을 앞으로 밀어내요. 종성일 때는 혀 앞쪽으로 치조를 막아서 'ㄷ'과 같아집니다.

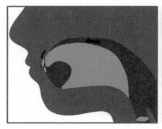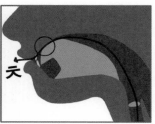

차고   처가   채:소   치즈   충치

차림새   츄러스   초가집   추어탕   첫사랑[첟싸랑]

촛대에 쌓인 촛농을 치웠다.

추석에 친척들이 한:복을 차려입고 차례를 지냈다.

고추와 후춧가루가 들어간 음:식을 먹었더니 재채기가 멈추지 않는다.

긴 낭독문을 통해 'ㅊ' 발음을 집중적으로 훈련해 봅시다.

오바마가 51**초** 정도 아무 말 없이 **청중**을 응:시하는 순간 그는 그저 맑은[말
근] 울음을 **참:**아가며 감:정을 **추**스르는 행위를 한 것일까? 글쎄다. 오바마는
분명 **침묵**의 가**치**를 알고 있었고 그걸 바탕으로 무언의 대:화를 시:도한 게
아닐까 싶다.

오바마 대:통령은 연:설 도:중 입술을 다문 **채** 희생자 가족의 아픔을 자신도
처:절하게 느끼고 있음을 표정과 눈**빛**으로 표현했다. 그의 감:정의 밑바닥[믿
빠닥]에 잠복해 있던 진심은 가슴을 열:고 걸어 나와 **침묵**이라는 샛:길[샏:낄/
새:낄]로 들어섰다. 그리고 돌:고 돌:아 **추**모객의 마음이라는 도:**착**지에 가:
닿았다.

— 이기주 〈말의 품격〉

3) 마찰음 : 입안이나 목청 사이의 통로를 좁혀 그 사이로 공기를 내보내면서 내는 소리를 뜻합니다.

성대를 좁히면서 내는 소리 ㅎ
혀끝을 윗잇몸 가까이 붙이고 내는 소리 ㅅ, ㅆ

성대를 좁히면서 내는 소리인 'ㅎ' 발음 훈련을 시작해 볼까요?

ㅎㅎㅎㅎㅎㅎㅎ

ㅎ(히읗)
목청을 열어 공기의 흐름이 목구멍을 마찰시켜 내는 소리입니다.

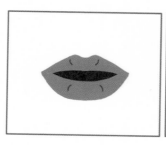 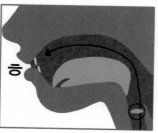

한:강   허기   호두   해:마   흥시

해맞이[해마지]   헝가리   휴머니즘   호주머니   허수아비

할머니댁은 동향집이라 햇살이 잘 든다.

황사현상 때문인지 하늘이 흐리터분하다.

국어학자들은 훈:민정음 해:례본에서 한글 발전 근거를 찾아냈다.

긴 낭독문을 통해 'ㅎ' 발음을 집중적으로 훈련해 봅시다.

플라톤은 교:사들에게 아름다움을 동:경하는 이 천성을 활용하라고 충고했다. 학생들에게 점점 더 아름다운 대:상을 제시해서 그들이 나이를 먹을수록 더 진지한 것들을 욕구하도록 학생들의 상:상력을 형성시키라고 했다. 먼저 어떤 학생에게 아름다운 얼굴을 제시한다. 일단 물리적인 아름다움의 가치를 알고 나면 이 학생은 더 높은 아름다움에 사로잡히는데, 사랑스러운 인격의 아름다움과 선한사람이 가진 사랑스러운 심장의 아름다움이다. 이것을 이:해했을 때 학생은 훨씬 더 높은 차원의 아름다움을 파악해 내는데, 바로 공정한 사회의 아름다움이다. 이것을 보고 난 다음에도 학생은 여전히 더 높은 아름다움을 갈망하는데, 바로 지혜와 진리에 대한 탐구이다. 그리고 난 다음에 학생은 이제 아름다움의 궁극적인[궁극쩍인] 형태를 향:한 동:경을 느낀다. 그것은 아름다움 그 자체이며, 모든 것을 아우르는 초월적인 아름다움의 영:원한 형태인데, 꽃피지도 시들지도 않고 더할 것도 뺄 것도 없는 이것은 플라톤에게 신성한 그 자체였다.

– 데이비드 브룩스 〈두 번째 산〉

혀끝을 윗잇몸 가까이 붙이고 내는 소리인 'ㅅ, ㅆ' 발음 훈련을 시작해 볼까요?

ㅅㅅㅅㅅㅅㅅㅅ

ㅆㅆㅆㅆㅆㅆㅆ

ㅅ(시옷)

날숨이 혓바닥과 연구개 사이를 비집고 나오면서 마찰하여 나는 무성음입니다. 혀 앞쪽은 아랫니 뒤쪽에 두고, 날숨을 앞으로 세게 밀어 내듯 발음해야 해요. 종성일 때는 혀 앞쪽이 치조를 막아서 'ㄷ'과 같아집니다.

주의할 점

혀끝을 윗니와 혀 천장 쪽으로 바짝 붙이고 발음하면 영어(th)처럼 혀 짧은 소리가 날 수 있으므로 주의하자.

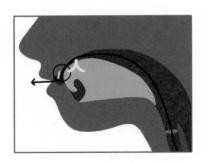

사:랑   시:소   세:계[세:게]   숭:어   설:날[설:랄]

신발장[신발짱]   소나무   산울림   송아지   수수께끼

이것은 나의 소:중한 시계이다.

삼촌은 주말마다 과:수원으로 사:과를 따러 간다.

서울에 사는 사:촌누나가 시집을 가서 시원섭섭하다[시원섭섭파다].

ㅆ(쌍시옷)

'ㅅ' 발음보다 날숨을 더 강하게 밀어내는 소리입니다.

쌈장   쓸개   씨앗   새싹   쐐:기

쌍꺼풀   썰매장   쏘개질   쓰임새   이쑤시개

쌍둥이가 쌍심지를 켜고 씩씩거리며 싸웠다.

아저씨는 찹쌀과 쑥갓[쑥깐]으로 쌈싸름한 쑥떡을 만들었다.

손 싸개를 한 갓난아기가 알쏭달쏭한 표정으로 쌩긋 웃었다.

긴 낭독문을 통해 'ㅅ, ㅆ' 발음을 집중적으로 훈련해 봅시다.

혁명이 일어날 가:능성[가:능썽]은 희박했다. 베네수엘라 서부의 지방자치단체는 인구가 20만 명도 채 되지 않았고, 소:수의 엘리트가 수:백 년 동안 지배해왔다[지배해와따]. 하지만 평범한 시:민들이 우리시대의 가장 시급한[시그판] 질문에 대한 답을 찾은 곳은 바로 토레스에서였다. 어떻게 하면 정치에 대한 신:뢰[실:뢰/실:뤠]를 회복할 수 있을까? 우리는 사회의 냉:소주의 흐름을 어떻게 막을 수 있을까? 그리고 어떻게 하면 우리의 민주주의를 구할 수 있을까? 전 세:계의 민주주의 국가는 최:소한 일곱 가지 재앙으로 고통 받고 있다. 정당의 무력화, 시민들 사이의 불신[불씬], 소:수의 배제, 유:권자[유:꿘자]의 무관심, 정치인의 부:패, 부:자들의 탈세, 그리고 현:대 민주주의가 불평등하다는 자각의 확산[확쌘], 토레스는 이러한 모:든 문:제에 대한 해:결책을 찾았다. 지난 25년 동안 시:도하고 검:증한 해:결책은 놀:랍도록 간단하다. 이 해:결책은 전 세:계적으로 채:택되고 있지만 대:부분 뉴스거리가 되지 못:한다. 아마도 뷔르트조르흐와 아고라처럼 인간 본성에 대한 근본적으로 다른 관점[관쩜]을 전제로 한 현:실적인 기획이기 때문일 것이다. 사:람들을 현:실안주자로 여기거나 성난 투표로 전:락[절:락]시키지 않으면서 다음과 같이 질문하는 것이다. 우리 각자의 내:면에 건:설적이고 성실한 시:민이 있다면 어떻게 될까? 다시 말해서 진정한 민주주의가 가:능하다면 어떻게 될까?

– 뤼트허르 브레흐만 〈휴먼카인드〉

4) 비음 : 입안의 통로를 막고 코로 공기를 내보내면서 내는 소리를 뜻합니다.

두 입술을 붙이고 코로 공기를 내보내면서 내는 소리 ㅁ
혀 뒷부분을 올려 연구개에 대고 코로 공기를 내보내면서 내는 소리 ㅇ
혀를 윗잇몸에 대고 코로 공기를 내보내면서 내는 소리 ㄴ

두 입술을 붙이고 코로 공기를 내보내면서 내는 소리인 'ㅁ' 발음 훈련을 시작해 볼까요?

ㅁ ㅁ ㅁ ㅁ ㅁ ㅁ ㅁ

ㅁ(미음)

입술(양순)을 다물고 날숨을 코로 연결되는 통로(비강)로 내보내는 소리입니다.

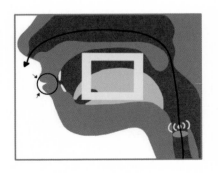

마을   머리   무늬[무니]   물감[물깸]   메모

마사지   머리띠   모서리   미나리   메시지

어머니의 말:씀을 마음에 새겼다.

문장 끝에[끄테] 마침표를 찍어 글을 마무리했다.

마:구간에 말들이 목을 축이기 위해 물을 마신다.

긴 낭독문을 통해 'ㅁ' 발음을 집중적으로 훈련해 봅시다.

나무는 보:통 1년을 주기로 같은 일:을 반:복한다. 이른 **봄** 새순을 올리고 그것을 기반으로 꽃을[꼬츨] 피운 다**음**, 가을에 열매를 **맺**고, 겨울엔 다**음**해를 기약하**며** 긴: 수**면**기에 들어가는 것이다. 그런데 대나무는 그런 일반적인 나무의 **삶:**에서 **참 많:**이도 벗어나있다. 다른 나무들은 살:**면**서 수:십 번, **많**게는 수:천 번까지 꽃을 피우지**만**, 대나**무**는 단: 한 번 꽃을 피우고 즉시[즉씨] 생을 **마감**한다.

대나무는 죽는 순간까지 한치도 흐트러지지 않는다. 죽**음**의 순간, 조**금**이라도 **삶:**을 연장하기 위해 발버둥 친다거나 다**음** 해를 기약하**며** 땅속줄기를 지키려 들지 않는다. 오히려 제대로 된 꽃을 피우기 위해 **마지막**까지 최:선을 다:한다. 그**만**의 푸르**름**, 그**만**의 곧**음**을 간직한 채 **말**이다.

이처럼 기구한 자신의 **삶:**을 의연하게 받아들이고, 최:선을 다:하는 대나무의 **모습**을 보고 있노라**면** 저절로 고개가 숙여진다. 대나무의 꿋꿋한[꾿꾸턴] 푸르**름**이 유독 인상 깊은 것은 바로 그 때**문**이지 싶다.

그런 대나무를 떠올릴 때**마**다 나는 **마음** 깊은 곳으로부터 이런 기원을 하게 된다. 내 **남**은 **삶:**이 대나**무**처럼 주어진 그대로를 받아들이고 고개를 끄덕일 줄 아는 용:기 있는 **모습**이기를. 그래서 **마지막 숨:**을 거두는 순간 '한세상 잘 살:고 간다'고 **말:**할 수 있기를.

– 우종영 〈나는 나무처럼 살고 싶다〉

혀 뒷부분을 올려 연구개에 대고 코로 공기를 내보내면서 내는 소리인 'ㅇ'발음 훈련을 시작해 볼까요?

ㅇ ㅇ ㅇ ㅇ ㅇ ㅇ ㅇ

ㅇ(이응)

모음의 영향을 많이 받는 자음이에요. 혀 뒤쪽을 연구개에 대어 숨길을 막고 날숨을 내보내며 목청을 울리게 하는 비음입니다. 종성일 때는 혀 뒤쪽을 높여 연구개를 막고 날숨을 코 안으로 내보낼 때 나는 비음입니다.

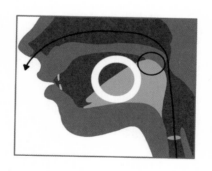

아이   어:른   오이   여름   우:주

오로라   유리알   애송이   에너지   음악실[으막씰]

야:구장에서 여자친구와 함께 응:원을 했다.

요리사가 영양을 갖춘[갇춘] 음:식을 대중에게 선보였다.

아주머니가 길을 잃은 고양이에게 우유를 가져다주었다.

긴 낭독문을 통해 'ㅇ' 발음을 집중적으로 훈련해 봅시다.

여러분이 진**정**으로 사랑하는 **일**:을 찾으십시**오**.

오늘 저는 **여러분**에게 제 **인생**에 대한 세가지 **이야**기를 해볼까 합니다. 대단한 **이야**기는 **아**닙니다. 딱 세 가지**입**니다.

첫 번째는 점들**이 이어**지는 것에 관한 **이야**기**입**니다.

(중략)

물론 제가 대학**에 있**을 때는 **앞**을 내다보고 그 점들**을 잇**는다는 것**이** 불가**능**했지만 10**년**이 지난 지금 돌**이**켜보면 모든 것**이** 너무나 분**명**해집니다.

다시 말해, **여러분**은 **앞**날을 내다보면서 점들을 **이**을 수는 없습니다. 그러니 **여러분**은 그 점들**이** 미:래**에** 어떤 식으로든 **연결**된다는 사:실을 믿**어야**만 합니다. **여러분**의 배**짱**, 운:**명**, 인생, 업… 그게 무엇이든 간**에 여러분**은 믿**음**을 가져**야** 합니다. **이**런 **방식**은 절대로 저를 실**망**시키지 **않**습니다. 그리고 제 **인생**에 힘**이** 되었습니다.

두 번째는 사랑과 **상**실에 관한 **이야**기**입**니다.

(중략)

제가 애플에서 해:고 **당**하지 **않**았다면 **이**런 일들 또한 **일어**나지 **않**았을 것**이** 분**명**합니다. 입에 쓴 **약이** 몸에는 좋다는 걸 확**인** 시켜준 셈:**이**지요. 때로 세:**상이 여러분**을 속일지라도 결코 믿**음**을 잃지 마십시**오**. 저는 제가 사랑하는

일:을 반드시 해내고**야** 말겠다는 단한가지 사실**에** 대해서는 신:념을 잃지 **않**

았습니다.

여러분도 자신이 사랑하는 **일:**을 찾**아**내**야** 합니다. **연:인을** 사랑하는 것처럼

일:도 그렇게 해**야** 합니다.

– 김병렬 〈스티브잡스 연설문〉

혀를 윗잇몸에 대고 코로 공기를 내보내면서 내는 소리인 'ㄴ' 발음 훈련을 시작해 볼까요?

ㄴㄴㄴㄴㄴㄴㄴㄴ

ㄴ(니은)

혀 앞쪽을 윗잇몸(치경)에 붙였다가 떼면서 날숨을 콧구멍으로 나오게 합니다. 비강의 공명을 느낄 수 있는 발음이에요.

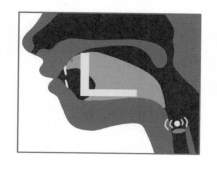

나무　　나비　　노을　　뇌리　　냉:전

너구리　　노란색　　누린내　　늦가을[늗까을]　　내:시경

누:나는 나보다 노래에 관심이 많:다.

우리나라는 남과 북으로 나뉘어 있다.

느티나무 아래에서 뛰어놀:다가 넘어지고 말:았다.

긴 낭독문을 통해 'ㄴ' 발음을 집중적으로 훈련해 봅시다.

삶:은[살:믄] 늘 우리에게 시:련을 주기에 쉽:게 두려워집니다. 또 시:련에 알몸으로 **노출**되어 있기에 걱정을 하며 지레 겁먹기도 하**는** 것이죠. 우리**는** 지금까지 살아오기 위하여 참 **많:은** 시:련을 겪어 왔습니다. **늘** 그래왔습니다. **나**의 삶:을 되짚어[되지퍼/뒈지퍼] 봅니다. 지**나**고 **보**면 별거 아**닌** 일:**인**데 두려워했고 걱정했**던** 내가 있습니다. 또 일어**나**지도 **않**을 걱정에 잠 못: 이루**던** 내가 있습니다.

나에게 시:련은 있었지**만**,.**언**:제나처럼 지나갔고 **나는** 또 **언**:제나처럼 아:무렇지[아:무러치] **않**게 생각해왔습**니**다. 그러니까, 뭐: 우린 늘 **괜찮**아지는 사:람이라**는** 것이죠.

참 다행**인** 일:입니다. 당신도, **나**도 결국**은** 괜찮아지는 사:람입니다. 걱정**한**다고 달라질 거 없:**는** 일:들이 너무 **많:**고, 지금 걱정해봤자 **나**:중엔 별거 아**닌** 일:들이 너무 **많:**습니다.

대:부분 일어**나**지도 **않**을 일:들이고 당신을 해:치지 **않**을 일:들입니다. 또 일어**난**다고 해도 우리**는** 늘 괜찮아져왔**던** 사:람이고, 이**번** 일:도 늘 그랬듯 **괜찮**아 질 것입니다. 오늘부터 **나**에게 말:해 줍시다. **괜:한** 일:로 시간과 감:정을 **낭:**비하지 **않**도록.

– 정영욱 〈나를 사랑하는 연습〉

5) 유음 : 공기를 혀 양옆으로 흘려보내며 내는 소리를 뜻합니다.

혀끝을 잇몸에 가볍게 대었다가 떼거나, 잇몸에 댄 채 공기를 그 양옆
으로 흘려보내면서 내는 소리 ㄹ

ㄹㄹㄹㄹㄹㄹㄹㄹㄹ

ㄹ(리을)

탄설음과 설측음 두 가지의 다른 방식으로 발음됩니다.

탄설음은 'ㄹ'이 초성이나 모음의 받침으로 올 때, 혀 앞쪽을 윗잇몸 쪽
에 거의 닿지 않을 정도로 가볍게 떨며 발음해요.

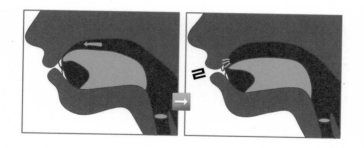

라면   레몬   로마   바람   리듬

가로수   러시아   노래방   레미콘   로그인

설측음은 'ㄹ'이 종성에 있거나 두 개의 'ㄹ'이 겹칠 때, 혀 앞쪽을 윗잇몸(치경)에 붙이고 혀의 양쪽으로 공기를 내보내는 소리입니다.

가:결   뇌물   등불[등뿔]   롤러   별명

막걸리[막껄리]   닐리리[닐리리]   물장구   바른말   지하철

리본에 달린 구슬이 덜렁거린다.

라디오에서 흘러나오는 노래를 따라 흥얼거린다.

로스엔젤레스에서 렌터카를 빌려 노을 풍경이 아름다운 레스토랑에 갔다.

긴 낭독문을 통해 'ㄹ' 발음을 집중적으로 훈련해 봅시다.

함께 가자
먼: 길

너와 함께**라**면
멀:어도 가깝고

아**름**답지 않아도
아**름**다운 **길**

나도 그 **길** 위에서
나무가 되고

너**를** 위해 착한[차칸]
바**람**이 되고 싶다.

– 나태주 〈먼 길〉

아름다운 목소리를 위한 〈목소리 가드닝〉

Step 4
목소리 새싹 가꾸기

목소리 새싹이 잘 자랄 수 있도록
호흡, 발성, 발음의 심화 훈련을 해봅시다.

복식 트레이닝

기초 단계에서 복식호흡을 잘 익히셨나요?

복식호흡 심화 훈련을 통해 더 풍부한 호흡량을 만들어 봅시다. 배를 부풀리고 수축하는 연습을 통해 안정적인 발성을 완성할 수 있어요.

- 풍선 호흡법

풍선 호흡법은 풍선처럼 배를 부풀리고, 잠시 유지한 뒤, 호흡을 뱉어내며 배를 수축하는 연습 방법입니다. 그동안 연습해온 복식호흡을 활용해 초를 더 늘려보고 배를 최대한 부풀리는 것이 중요해요. 부풀린 호흡을 유지하며 배가 빵빵하게 채워진 상태를 느껴보고, 호흡을 내뱉으며 뱃심을 조절해 봅시다.

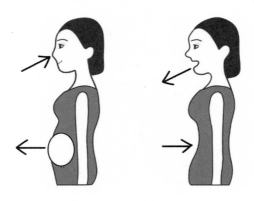

풍선 복식호흡 방법

1. 두발을 11자로 만들고, 허리를 바르게 세운 상태로 선다.

2. 시선은 정면을 바라보고, 턱 끝을 살짝 당겨 몸이 일직선이 되도록 한다. (만약, 바른 자세가 힘들다면 발뒤꿈치부터 머리까지 벽에 기대어 몸을 일직선으로 만든다.)

3. 먼저 코로 숨을 들이마시며 배를 부풀린다. 어깨와 앞가슴이 들썩이지 않도록 주의하며 배를 풍선을 부풀리듯 최대한 부풀린다.

4. 입으로 숨을 뱉을 때에는 호흡이 정면으로 나가는 것을 느끼며 풍선의 바람이 빠지듯이 최대한 힘있게 수축시켜준다.

5. 초를 늘려가며 3, 4번을 여러 번 반복해 올바른 복식호흡이 되도록 훈련한다.

6. 카.사.티 호흡법을 적용해 풍선 복식호흡법을 반복한다.

- 풍선 호흡법 + 카.사.티 호흡법

이제 풍선 복식호흡에 카.사.티 호흡법을 적용해 심화 훈련을 해볼게요.

1) 카운트 호흡

풍선 복식호흡으로 5, 10, 15, 20초로 호흡량을 점차 늘려주세요.

1-1) 찬바람 뱉기

풍선 복식호흡에 카운트 호흡법을 사용하며, 날숨에 찬바람을 '후~' 하고 뱉어보세요.

배 안쪽의 풍선을 부풀리듯 코로 5초 마시고, 입으로 '후~~~' 7초 뱉기
배 안쪽의 풍선을 부풀리듯 코로 10초 마시고, 입으로 '후~~~' 12초 뱉기
배 안쪽의 풍선을 부풀리듯 코로 15초 마시고, 입으로 '후~~~' 17초 뱉기
배 안쪽의 풍선을 부풀리듯 코로 20초 마시고, 입으로 '후~~~' 22초 뱉기

1-2) 따듯한 바람 뱉기

풍선 복식호흡에 카운트 호흡법을 사용하며, 날숨에 따듯한 바람을 '하~' 하고 뱉어보세요.

배 안쪽의 풍선을 부풀리듯 코로 5초 마시고, 입으로 '하~~~' 7초 뱉기
배 안쪽의 풍선을 부풀리듯 코로 10초 마시고, 입으로 '하~~~' 12초 뱉기
배 안쪽의 풍선을 부풀리듯 코로 15초 마시고, 입으로 '하~~~' 17초 뱉기
배 안쪽의 풍선을 부풀리듯 코로 20초 마시고, 입으로 '하~~~' 22초 뱉기

2) 사운드 호흡

사운드 호흡이란, 소리를 들으며 일정하게 호흡량을 뽑아내는 연습 방법입니다.

풍선 복식호흡에 카운트 호흡을 사용하며, 앞니 사이로 '스~' 소리를 내면서 호흡을 내보내주세요.

배 안쪽의 풍선을 부풀리듯 코로 5초 마시고, 입으로 '스~~~' 7초 뱉기
배 안쪽의 풍선을 부풀리듯 코로 10초 마시고, 입으로 '스~~~' 12초 뱉기
배 안쪽의 풍선을 부풀리듯 코로 15초 마시고, 입으로 '스~~~' 17초 뱉기
배 안쪽의 풍선을 부풀리듯 코로 20초 마시고, 입으로 '스~~~' 22초 뱉기

3) 티슈 호흡

티슈 호흡이란, 호흡을 멀리 밀어내는 정도를 눈으로 확인할 수 있는 연습 방법입니다.

1. 티슈 한 장을 얼굴에서 30센티 정도 간격을 띄어 들어준다.
2. 풍선 복식호흡을 '후~' 하고 내뱉으며 티슈를 움직여 본다.
3. 티슈의 움직임을 확인하며, 날숨을 일정하게 유지한다.
4. 풍선 복식호흡을 하며 호흡량을 5, 10, 15, 20초로 점차 늘려간다.

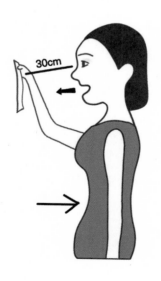

발성 트레이닝

기초 단계에서 배운 발성법을 통해 단계별 학습을 해볼까요?

한 호흡 발성, 목소리 크기 조절, 목소리 톤 조절 연습으로 자연스러운 말하기가 가능해져요. 연습하는 동안 뱃심의 긴장감을 계속 유지해봅시다.

- 한 호흡 발성

한 호흡 발성은 긴 문장을 한 호흡으로 멀리 보내는 발성법입니다. 호흡량을 늘려서 뱃심을 강화하고 자연스러운 발성을 만들 수 있어요. 다음 문장들을 연습해 봅시다.

하~ 헤~ 히~ 호~ 후~

하~~ 헤~~ 히~~ 호~~ 후~~

하~~~ 헤~~~ 히~~~ 호~~~ 후~~~

하~~~~~ 헤~~~~~ 히~~~~~~ 호~~~~~ 후~~~~~~

안~~ 녕~~ 하~~ 세~~ 요~~

반~~ 갑~~ 습~~ 니~~ 다~~

어~딘~가~ 모~르~는~ 곳~에~

보~이~지~ 않~는~ 꽃~처~럼~ 웃~고~ 있~는~

너~ 한~사~람~으~로~ 하~여~ 세~상~은~

다~시~한~번~ 눈~부~신~ 아~침~이~ 되~고~

어~딘~가~ 네~가~ 모~르~는~ 곳~에~

보~이~지~ 않~는~ 풀~잎~처~럼~ 숨~쉬~고~ 있~는~

나~ 한~사~람~으~로~ 하~여~ 세~상~은~

다~시~한~번~ 고~요~한~ 저~녁~이~ 온~다~

가~을~이~다~ 부~디~ 아~프~지~마~라~

– 나태주 〈멀리서 빈다〉

잊~어~야~한~다~는~마~음~으~로~내~텅~빈~방~문~을~닫~은~채~로~

아~직~도~남~아~있~는~너~의~향~기~내~텅~빈~방~안~에~가~득~한~데~

이~렇~게~홀~로~누~워~천~장~을~보~니~

눈~앞~에~글~썽~이~는~너~의~모~습~

잊~으~려~돌~아~누~운~내~ 눈~가~에~말~없~이~흐~르~는~이~슬~방~울~들~

지~나~간~시~간~은~추~억~속~에~묻~히~면~그~만~인~것~을~

나~는~왜~이~렇~게~긴~긴~밤~을~또~잊~지~못~해~새~울~까~

– 김광석 〈잊어야 한다는 마음으로〉

- 목소리 크기 조절

목소리 크기 조절은 배를 수축하고 이완하며 원하는 목소리의 크기를 만드는 연습법입니다. 3단계, 5단계로 목소리 크기를 조절할 때, 뱃심을 느끼며 소리 내보세요.

3단계

(30) 안녕하세요~

(60) 안녕하세요~

(90) 안녕하세요~

목소리 크기를 3단계로 조절하며, 다음 문장들을 포물선 발성으로 낭독해 봅시다.

(30) 성공하려고 아:무리 열심히 노력해도
(60) 실패에 대:한 두려운 마음이 가득하다면
(90) 성공은 불가능해질 것이다.

(30) 무언가를 하면 반드시 무언가가 벌:어진다.
(60) 어딜 가든, 어디에 있든, 무엇을 하든
(90) 반드시 무언가가 벌:어지는 것이다.

5단계

(20) 선생님~

(40) 선생님~

(60) 선생님~

(80) 선생님~

(100) 선생님~

목소리 크기를 5단계로 조절하며, 다음 문장들을 포물선 발성으로 낭독해 봅시다.

(20) 자신에게 관심을 기울이며
(40) 나는 지금까지 어떻게 살아왔는지
(60) 어떤 가치를 실현하며 살:고 싶은지
(80) 무엇에 행복:해지는 사:람인지
(100) 나는 남과 어떻게[어떠케] 다른지 자기감:각을 찾자.

(20) 언:제나 겸손하게 진리[질리]를 탐구하는
(40) 태:도를 잃지[일치] 말:아야 한다.
(60) '잘 익은 벼가 고개를 숙인다' 라는
(80) 우리 민족의 속담을[속따믈] 가볍게 여기지 말:며
(100) 겸손은 진리의 산 정상을 향:한 첫 걸음이다.

- 목소리 톤 조절

목소리 톤 조절은 자신의 편안한 음역대의 발성을 다양한 톤으로 확장하는 연습 방법입니다. 상황에 맞는 톤으로 자연스러운 말하기를 할 수 있어요. 하나의 음으로 일정하게 목소리를 내며 톤 조절을 연습해 봅시다.

연습 TIP

동요를 하나의 음으로 부르며 톤 조절 연습을 해보세요.

먼저, 우리에게 익숙한 3가지 동요를 불러볼까요?

학교종

작사 김메리
작곡 김메리

학 교 종 이 땡 땡 땡 어 서 모 이 자

선 생 님 이 우 리 를 기. 다 리 신 다

나비야

작사 미상
독일 민요

나 비 야 나 비 야 이 리 날 아 오 너 라

노 랑 나 비 흰 나 비 춤 을 추 며 오 너 라

봄 바 람 에 꽃 잎 도 방 긋 방 긋 웃 으 며

참 새 도 짹 짹 짹 노 래 하 며 춤 춘 다

저음

저음은 신뢰감을 높이고 무게감 있는 분위기를 연출할 수 있어요. 중요한 회의 혹은 뉴스, 다큐멘터리 내레이션 등에서 사용됩니다.

동요〈퐁당퐁당〉을 저음 '도'로 일정하게 불러보세요.

중음

중음은 가장 보편적으로 사용되는 톤으로, 편안하고 안정적인 느낌을 전달할 수 있어요.

미팅이나 발표 혹은 교양 MC, 라디오 DJ 등에서 다양하게 사용됩니다.

동요〈학교종이 땡땡땡〉을 중음 '솔'로 일정하게 불러보세요.

고음

고음은 서비스업에서 많이 사용되는 톤으로, 밝고 친절한 느낌을 줄수 있어요. 전화 상담, 미팅 혹은 리포터, 날씨 방송 등에서 다양하게 사용됩니다.

동요〈나비야〉를 고음 '도'로 일정하게 불러보세요.

발음 트레이닝

- 받침

받침 발음은 'ㄱ, ㄴ, ㄷ, ㄹ, ㅁ, ㅂ, ㅇ' 7가지입니다. 받침의 발음은 받침 글자대로 소리 나지 않는 경우가 있으니, 발음 기호를 참고해 연습해 보세요.

ㄱ(기역)

낙타   박스   액자   독대[독때]   식당

각설탕[각썰탕]   먹거리[먹꺼리]   복사기   종이학   소:설책

학교 앞 떡볶이[떡뽀끼]를 매:일 먹는다.

교:수님께 독주회[독쭈회/독쭈웨] 악보를 팩스로 보냈다.

낭:독 연:습을 통해 목소리[목쏘리] 콤플렉스를 극복했다.

긴 낭독문을 통해 'ㄱ' 받침 발음을 정확하게 발음해 봅시다.

말:의 변:화는 일상 곳곳에[곧꼬세] **직접** 영:향을 미친다. 말:하는 습관을 고치고 더**욱 탁**월[타궐]한 표현 방**식**을 배우면, 사고방**식**과 소통 능**력**[능녁], 사:람을 대:하는 태:도, 심:지어는 마음 **속:** 깊은 곳에 있는 신:념까지도 변:화 되는 것을 느낄 수 있다. 말:을 잘하게 되면 평생 **득**을 보고, 그렇지 않으면 가는 곳마다 **벽**에 부딪힐[부디칠] 것이다. 인생의 변:화는 말:하는 습관을 바꾸는 데서부터 시:**작**된다.

– 황시투안 〈인생의 변화는 말투에서 시작된다〉

ㄴ(니은)

낱:말[난:말]   뭇매[문매]   라면   건조   숙면

반:올림[바:놀림]   넌지시   충전기   문고리[문꼬리]   인터넷

나그네는 눈:보라를 보고 깜짝 놀:랐다.

안:대를 착용했더니 단:기간에 불면증[불면쯩]이 사라졌다.

근력[글력] 운:동을 꾸준히 하면 반:사 신경이 좋아질 수 있다.

긴 낭독문을 통해 'ㄴ' 받침 발음을 정확하게 발음해 봅시다.

무엇 하나 제대로 해:내지 못:했던[모:태떤]
끊임없이[끄니업씨] 스스로를 의심하던 시절.

아버지는 내게 말:씀하셨다.

얘:야,
물에 비친 가로등 불빛이[불삐치] 흔들리는 것은
물결 때문이지, 불빛[불삗] 자체가 위태롭기 때문이 아니다.
자연이 만든 물결 때문에,
자신을 의심하지 말:거라.

흔들리는 물결이 아닌,
잔잔한 호수 속:에 비친
온전했던 자신의 모습을 기억하렴.

그것이 진:정한 너의 모습이란다.

– 정한경 〈흔들리는 것은〉

ㄷ(디귿)

곧장[곧짱]　　쑥갓[쑥깓]　　옷장[옫짱]　　송:곳[송:곧]　　씨앗[씨앋]

돋보기[돋뽀기]　솥뚜껑[솓뚜껑]　돗자리[돋짜리]　받침대　놋그릇[녿끄른]

냉:장고 문을 곧장[곧짱] 닫았다.

소나무의 곧게 뻗은[뻐든] 가지가 돋보였다.

사흗날[사흔날] 동안 불길이 걷잡을 수 없:이 번:졌다.

긴 낭독문을 통해 'ㄷ' 받침 발음을 정확하게 발음해 봅시다.

우리의 자신감의 크기가

우리가 앞으로 얼마나 더 실수를 딛고 일어날지 결정하며

우리가 앞으로 얼마나 더 많:은 어려움을

극복해[극뽀캐] 앞으로 나아갈지를 결정하며

우리가 앞으로 얼마나 더 많:이 즐겁게 살아갈 수 있을지 행:복을 결정한다.

당신이 지금 자신감을 놓친 채 달리고 있어 괴롭고 힘들다면

앞으로 잘하지 못:한 나를 더 격려[경녜]하고 응:원해주자.

자신감을 잃지[일치] 않게

그리고 나에게 말:해주자.

나는 나를 **믿**어

나는 나를 **믿**어

나는 나를 **믿**어

꼭 잘하지 못:해도 되니까

할 수 있는 만큼 나아가보자.

나만은 언:제나 나를 **믿**어주자.

– 글배우 〈지쳤거나 좋아하는 게 없거나〉

ㄹ(리을)

빨래   얼굴   매실   술잔[술짠]   콜라

갈매기   널:뛰기   돌:멩이   활주로[활쭈로]   훌라후프

물방울무늬[물빵울무니] 양말에 보풀이 생겼다.

제:주도 돌담길을 걸:으며 노래를 흥얼거렸다.

린다는 라일락 린스를 사:용해 찰랑거리는 머릿결[머릳껼/머리껼]을 유
지한다.

긴 낭독문을 통해 'ㄹ' 받침 발음을 정확하게 발음해 봅시다.

자연과학의 수:학적 적용은 뉴턴에 이르러 **절정을** 맞이했다. **갈릴**레이가 죽은 해인 1642년에 영국에서 태어난 뉴턴은 **물**리학자, 천문학자, 수:학자로 **활발**히 활동했다. 이와 동시에 연:금술이나 신학에도 관심이 많:았는데, 그것은 시대적 상황에 따른 것이었다. 당시에는 근:대적 개:념으로서의 과학이나 **물**리학이 **확실**하게 자리 잡힌[자펜] 시기가 아니었다. 종교와 과학과 연:금술이 느슨하게 연**결**되어 있었다.

다양한 연:구분야 가운데서도 뉴턴의 최:대 업적은 '뉴턴역학[여:캑]' 정:립[정:닙]에 있다. 우리가 **잘 알:**고 있는 것처럼 뉴턴은 중:력에 관심이 많:았고, 서로를 **끌:**어당기는 힘으로서의 중:력**을** 수:학적으로 정:리해냈다. 그의 저:서 〈자연**철**학의 수:학적 원리[월:리]〉는 근:대 **물**리학의 완성에 해당하는 중:요한 역작이 되었다. 이 책은 '원리' 부분만 떼:서 **일**반적으로 '프린키피아'라고 부른다.

　　　　　　　　　　　　　　　　　　– 채사장 〈지적 대화를 위한 넓고 얕은 지식〉

ㅁ(미음)

감금   곰:탕   대:담   심술   음악
밤:나무   소:품실   함지박   솜:방망이   미끄럼틀

감:기 몸살로 밤에 잠을 설쳤다.

봄이 다가오니 내 마음에 설렘이 가득하다.

매:달 모임에 나가 사:람들과 명함을 주고받는다.

긴 낭독문을 통해 'ㅁ' 받침 발음을 정확하게 발음해 봅시다.

사:는 게 별건가

다들 그럭저럭[그럭쩌럭] 살:고 있는데

나만 슬퍼할 필요 없:다

아**침**이 오면 무거운 **몸**을

지하철에 맡기고

점:심이 되면

그런저런 밥으로

배를 채우고

저녁이 되면

지:치고 노곤한 **몸**을 일으켜

내일을 고민하겠지

다들 흘러가는 것처**럼**

나도 그렇게 정:처 없:이

흘러가고 있을 뿐이다

마음대로,

마음먹은 대로 살:고 싶어도

그때뿐

또다시 내일을 걱정하겠지

만:만하지 않은 인생이지만

그래도 작:은 행:복은 곳곳에[곧꼬세] 있으니까

희망[히망]하나 품:고

꿈 하나 만들어 살:면

가끔 행:복도 찾아오니까

사:는 게 별건가

내 한 몸 틔울 곳 있으면

그리 슬퍼할 필요 없:다

사:는 게 별건가

작:은 꿈이라도 하나 품:고 산:다면

그리 슬퍼할 필요 없다

- 소윤 〈사는 게 별건가〉

ㅂ(비읍)

밥솥[밥쏟]   탑승   곱창   삽화[사퐈]   대:접

답안지   겁쟁이[겁쨍이]   법조인   손잡이   구두굽

답례[담녜]로 컵과 컵받침을 선:물했다.

그동안 섭섭했던 마음을 답장에 써내려갔다.

갑자기 그가 엽기적인 행동을 해서 겁이 났다.

긴 낭독문을 통해 'ㅂ' 받침 발음을 정확하게 발음해 봅시다.

연:애를 못:하는 사:람의 특징 중 하나가 눈치가 **없:**다는 점인데, 이는 연:애에 국한[구캔]된 이야기는 아니다. 눈치 **없:**는 사:람은 적당히 하는 **법**을 모:른다. 최:선을 다:해 사랑하는 일:, 열정을 쏟는 대:상에 온: 마음을 다:하는 일:을 제외하면 때로는 멈춰 서서 주변의 풍경을 둘러보는 여유를 갖도록[갇또록] 하자. 무언가에 **집착**할 필요 **없:**다. 행:복한 사:람은 내려놓을 줄 아:는 사:람이며, 바로 그렇기 때문에 자신을 괴롭히는[괴로피는/궤로피는] 일:도 **없**:는 **법**이니까.

– 손힘찬 〈오늘은 이만 좀 쉴게요〉

ㅇ(이응)

중앙   창문   포항   킹콩   펭귄

강냉이   항아리   몽:상가   동:물원   엉:덩방아

영어시간에 아이들이 시끄럽게 웅성거렸다.

저 아이는 용:맹하여 영웅호걸로 칭송될 것이다.

방방곡곡에 숨:은 영사를 찾아 정:사를 맡겨야 한다.

긴 낭독문을 통해 'ㅇ' 받침 발음을 정확하게 발음해 봅시다.

돈:과 밥이 나오지 않았다 하더라도, 이것은 필시[필씨] 흥부의 박이다. 흥부의 박 속에 있는 돈과 밥은 아니지만 우리가 기대치 않았던 무언가가 나왔다는 거예요. 이렇게 볼 수 있는 것은 정:말 대:단한 겁니다. 왜냐하면 일상이기 때문입니다. 우리가 이렇게 보지 못:하는[모:타는] 이유는 늘 보아서입니다. 저는 자주 "결핍이 결핍되어 있다"라는 말을 합니다. 만약 우리나라에 수:박이라는 게 없어서 어느 날 수:박이라는 걸 처음 수입해 나눠줬다고 칩시다. 생전 처음 수:박이라는 걸 본거죠. 그럼 김훈이 보듯이[보드시] 볼 겁니다. 동그란 녹색에 검은 줄은 뭐지? 그 속:의 빨간색은? 그 씨앗은? 달콤한 맛은? 이렇게 되는 거죠. 결핍의 결핍, 너무 낯이[나치] 익어서 볼 수 없는 겁니다. 니코스 카잔차키스도 그의 소:설 속 주인공인 조르바를 통해 "그에게 두려웠던 것은 낯선[낟썬] 것이 아니라 익숙한[익쑤칸] 것이었다"라고 얘기합니다. 우리는 익숙한 것을 두려워할 필요가 있습니다. 익숙한 것 속에 정:말 좋:은 것들이 주변에 있고, 끊임없이[끄니멉씨] 말을 거는데 듣지 못한다는 건 참 안타까운 일입니다. 수:박에 대한 김훈의 이야기를 하나 더 전하면, 여름 무등산에 수:박이 달:려면 햇빛이[해삐치] 뜨거워야 한답니다. 우리가 짜증내는 더:운 날씨가 맛있는 수:박이라는 축복을 주는 거죠.

– 박웅현 〈책은 도끼다〉

목소리 가드닝   131

어려운 발음

어려운 발음은 무조건 빠른 속도가 정답이 아니에요. 혀와 입술의 위치를 파악하고, 천천히 시작해 점차 속도를 내는 연습을 해야 합니다. 최대한 정확한 발음으로 소리 내보세요.

- 내가 그린 구름그:림은 새:털구름 그린 그:림이고 네가 그린 구름 그:림은 깃털구름 그린 구름이다.

- 나풀나풀 나비가 나팔꽃에[나팔꼬체] 날아가 놀고 있는데 닐리리[닐리리] 닐리리 나팔소리에 놀라 나팔꽃에서 놀지 못하고 나리꽃으로[나리꼬츠로] 날아갔다.

- 도토리를 좋아하는 다람쥐가 문을 도로록 드르륵 두루룩 열었는가 드로록 도루룩 두르륵 열었는가

- 라일락 꽃 같은 라이안의 처녀들이 랄라라라 랄라라라 춤을 춥니다.

- 모락모락 김:이 나는 맛있는 만두를 말:썽꾸러기 말복이가 마:구간[마:구깐] 말들에게 말없이 주어버린 말:썽스러운 일:이 있었다.

132

- 봄 꿀밤 단 꿀밤, 가을 꿀밤 안단 꿀밤, 딴 꿀밤과 안 딴 꿀밤

- 앙증맞고[앙증맏꼬] 암팡진 우리 아이가 앙앙앙 울음보[울음뽀]를 터
트리며 엄마에게 안겨 오랫동안[오래똥안] 울고 있다.

- 장난치는 아이는 지붕 위에 주렁주렁 열린 조롱박을 보고 쪼르르
달려가 갖은 재주를 부린다.

- 태양이 내리쬐는 밭에 탱글탱글 토마토와, 통통한 무:가 자라고, 토
실토실 토끼와 토끼통이 있다.

- 하늘 위에 햇님이 하하호호 웃고 있고, 흰 구름은 하마도 되고, 호:
랑이도 되고, 허수아비도 된다.

- 간장공장 공장장은 강 공장장이고 된:장공장 공장장은 장: 공장
장이다.

- 고려고 교:복은 고급 교:복이고 고려고 교:복은 고급 천:을 사용
했다.

- 저기 저 뜀틀이 내가 뛸 뜀틀인가 내가 안 뛸 뜀틀인가

- 앞뜰에 있는 말뚝이 말 맬 말뚝이냐 말 안 맬 말뚝이냐

- 저분은 백 법학박사이고 이분은 박 법학박사이다.

- 베를린 필 비올라 단원인 울리히 크뢰롤러는 베를린 필 하모닉 새 지휘자 키릴 페트렌코가 다수의 지지를 받고 있다고 말했다.

- 길가[길까] 숲과 산기슭[산끼슥] 녹음 속:에 숨:어 살:고 있는 살쾡이 가 어느새 살금살금 사:람들을 피해 산등성이에[산뜽성이]에 올라 있 었다.

- 퓨전 식당에서 붉은 팥 풋팥죽으로 만든 프랑스 요리와 포도밭에 서 직접 키운 포도로 만든 디저트를 포장했다.

- 평창에 사는 찬영이는 칠월칠석[치뤌칠썩]에 천사 같은 친구와 결혼 해 초롱초롱 눈망울이 예쁘고 착한 아이를 낳았다.

- 카페 안에 키가 큰 청년이 쿵쿵쿵 소리를 내며 다크모카 커피와 촉 촉한 초코칩 쿠키를 만들고 있다.

뉴스 낭독

뉴스 원고를 통해 전달력 있고 신뢰감 있는 목소리를 만들 수 있어요. 다음 4단계 연습 방법을 통해 정확한 발음을 완성해 봅시다. 호흡 조절과 어려운 발음에 유의해 주세요.

심장은 흉강 안에 자리하며, 횡격막·위·허파 사이에서 약간 왼:쪽으로 치우쳐 있습니다. 체액으로 채워진 두: 겹의 심장막에 쌓여 있고, 표면에는 심장 자체에 혈액을 순환시키는 혈관인 심장혈관이 있는데, 그중 가장 큰 동:맥이 관상동:맥입니다.

– 강원일보 〈핏줄을 한줄로 이으면 지구 3바퀴〉

1) 모음

뉴스 원고의 모음만 따로 떼서 연습해 봅시다. 위, 아래, 양옆으로 입술을 크게 움직여주세요.

ㅣㅏㅡㅠㅏ ㅏㅔ ㅏㅣㅏㅕ, ㅚㅋㅏ·ㅟ·ㅏ ㅏㅔㅔ ㅑㅏ
ㅚㅡㅗ ㅣㅜㅕ ㅣㅡㅣㅏ. ㅐㅐㅡㅗ ㅐㅝㅣ ㅜ ㅋㅓ ㅣㅏ
ㅔ ㅏㅕ ㅣㅗ, ㅛㅕㅔㅡ ㅑㅏ ㅏㅔㅔ ㅖㅔㅡ ㅜㅘㅣㅣㅡ ㅕㅘ
ㅣ ㅣㅏㅕㅘㅣ ㅣㅡㅔ, ㅡㅜ ㅏ ㅡ ㅗㅔㅣ ㅘㅗㅔㅣㅏ.

2) 전체 발음 천천히

이제 모음과 자음을 합쳐 한 음절씩 천천히 낭독해 봅시다. 호흡, 발성에도 신경 써주세요.

심장은 흉강 안에 자리하며, 횡격막·위·허파 사이에서 약간 왼쪽으로 치우쳐 있습니다. 체액으로 채워진 두 겹의 심장막에 쌓여 있고, 표면에는 심장 자체에 혈액을 순환시키는 혈관인 심장혈관이 있는데, 그중 가장 큰 동맥이 관상동맥입니다.

3) 끊어 읽기

발음 연습이 되었다면, 뉴스의 의미를 생각하며 끊어 읽기를 해봅시다.

심장은 흉강 안에 자리하며, / 횡격막·위·허파 사이에서 / 약간 왼:쪽으로 치우쳐 있습니다. / 체액으로 채워진 / 두: 겹의 심장막에 쌓여 있고, / 표면에는 / 심장 자체에 혈액을 순환시키는 혈관인 / 심장혈관이 있는데, / 그중 가장 큰 동:맥이 / 관상동:맥입니다. /

4) 포물선 발성으로 낭독

정확한 발음과 포물선 발성으로 뉴스를 낭독해 봅시다.

심장은 흉강 안에 자리하며, / 횡격막·위·허파 사이에서 / 약간 왼:쪽으로 치우쳐 있습니다. / 체액으로 채워진 / 두: 겹의 심장막에 쌓여 있고, / 표면에는 / 심장 자체에 혈액을 순환시키는 혈관인 / 심장혈관이 있는데, / 그중 가장 큰 동:맥이 / 관상동:맥입니다. /

앞서 배운 4단계 연습 방법을 적용해 다양한 뉴스를 낭독해 봅시다.

뉴욕타임스(NYT)는 복수의 관계자를 인용해 미국 식품의약국(FDA)의 요청으로 화이자와 독일 바이오엔테크, 모더나가 임상시험 규모와 범위를 넓힌다고 보도했습니다.

FDA가 어린이 대상 임상시험의 규모와 범:위[버:웨]가 백신의 희귀[히귀] 부:작용[부:자굥]을 탐지하기에 모:자란다는 견:해를 전달했기 때문인데요. mRNA(메신저 리보핵산) 기술로 개발된 이들 회:사의 백신은 30세 미:만 접종자 중 극히[그키] 일부에게서 심근염[심근념]과 심낭염[심낭념] 등:의 부:작용을 일으킨 것으로 보:고됐습니다.

이에 따라 FDA는 어린이 대:상 임상시험에서 심장 관련 부:작용을 좀 더 자세하게 탐지하기 위해, 시험 참가자를 종전 계:획의 2:배가:량인 3000명으로 늘릴 것을 주:문했습니다.

– 중앙일보 〈화이자·모더나, 어린이 대상 임상규모 확대〉

개:인투자자들의 주식 열풍을 타고 관련[괄련] 스팸 문자메시지가 급증하고 있어서 주:의가 필요합니다. 한:국인터넷진흥원은 올해 상:반기 접수된 주식 투자 관련 스팸 신고 건수가 104:만:여 건으로 지난해 하:반기 대:비 37% 증가했다고 밝혔습니다[발켜씀니다]. 주식투자 스팸의 대:표적인 수법은 처음에는 고수익 보:장을 미끼로 종:목과 매매 타이밍 추천을 무료로 해준 뒤 유:료 회:원가입을 유도하는 방식입니다. 한:국인터넷진흥원은 스팸 문자에 포함된 인터넷 주:소를 클릭하지 말:고, 전송자가 불분명한 전:화번호는 수신 거:부할 것을 권:고했습니다.

－ YTN 〈개미투자자 노린 주식스팸 문자 37% 급증〉

Step 5
목소리 새싹 영양주기

좋은 발성과 발음이 만들어졌다면, 다양한 표현법으로 목소리 꽃을 피워 볼게요.
더 효과적이고 전달력 있는 말하기를 할 수 있습니다.
나의 목소리는 어떤 매력을 가진 꽃일까요?

억양 훈련

사람마다 다양한 억양을 가지고 있어요. 흔히, 사투리 억양과 표준 억양을 비교해 보면 쉽게 이해할 수 있죠. 특정 억양이 강하면 나의 의도와는 다르게 부정적인 느낌을 줄 수 있습니다. 편안하고 정확한 의미 전달을 위해서는 억양의 높낮이가 일정한 표준 억양을 사용하는 것이 좋습니다.

평조가 익숙해졌다면, 유연한 말하기와 효과적인 의미 전달을 위해 상승조와 하강조를 적절히 섞어서 사용해 봅시다. 한결 자연스러운 말하기가 될 거예요.

연습 TIP
손으로 억양의 모양을 그리며 소리 내면 더욱 쉽게 표현할 수 있어요.

상승조 연습
상승조는 어미 끝음을 부드럽게 올리며 소리 내봅시다.

- 안녕하세요, 고객님. / 무엇을 도와드릴까요? / ___↗
- 동해안 산간 지역을 중심으로 / 최:고 30cm가 넘:는 / 큰 눈:이 내렸는데요. / ___↗

- 연말, 연초에 / 홈 파티 하려는 분들이 많:아져 / 용:품 소비가 늘었다고 해요. / ⟍⟋

하강조 연습

하강조는 어미 끝음을 부드럽게 떨어뜨리며 소리 내봅시다.

- 회:의를 시:작하겠습니다. / 자리에 모두 착석해주십시오. / ⟍
- 나이트라인 마칩니다. / 행:복한 오늘 되십시오. / 고:맙습니다. / ⟍
- 국내 이동통신 3사가 / 새 학기를 앞두고 / 어린이 전용 스마트폰을 / 잇:달아[잇:따래] 출시했습니다. / ⟍

평조와 하강조, 상승조를 적절히 활용해 자연스러운 느낌으로 낭독해 봅시다.

안녕하십니까? / ⟋

저는 서울에 사:는 000입니다. / ⟶

목소리[목쏘리]는 / 그 사:람의 이미지를 좌:우한다고 하죠? / ⟋

보이스 훈:련[훌:련]을 통해 / ⟶

신:뢰감 있는 멋진 목소리를 만들 수 있습니다! / ⟍

앞으로 꾸준히 연:습해서 / 호:감가는 이미지로 변:화하고 싶습니다. / ⟍

정확한 발음과 상승조, 하강조를 적절히 사용해 자연스러운 뉴스 낭독을 해봅시다.

남태평양[남태평녕]의 작:은 섬:나라 / 통가의 해저화산이 폭발한 이:후 / 인구 10만:의 통가 국민 전체의 보:건상황에 / 비:상등이 켜졌다고 / 영국의 BBC가 19일 보:도했습니다. / 뉴질랜드의 한 장:관은 / "현:재 공기와 담:수의 유황 함량[함냥]이 높은 상태"여서 / 통가 사:람들에게 필수적인 식수와 낚시를 / 위험하게 만들었으며 / 수온 상:승까지 초래할 수 있다고 우려했습니다. / 적십자사는 / 지진해일 파도로 인한 / 소금물과 화산재로 오:염된 식수가 / 수만: 명의 사:람들에게 영:향을 미칠 수 있으며 / 콜레라, 설사 등: / 질병의 위험성을 높일 수 있다고 밝혔습니다. /

― 코메디닷컴 〈통가, 해저 화산 폭발로 10만 인구 보건 위기〉

– 미소 억양 훈련법

　더욱 친절하고 상냥한 매력을 뽐내기 위해 미소를 지으며 억양 훈련을 해봅시다.

　입꼬리를 살짝 올려 입술에 긴장감을 느끼며 소리 내주세요. 나의 음성에 따듯함이 느껴질 거예요.

연습 TIP

　물결(~) 표시가 있는 부분은 살짝 음을 늘려 말해보세요.

승무원 기내방송 멘트

A항:공에 탑승하신 승객 여러분~ 환영합니다.

여러분의 여행이 기분 좋:은 설렘으로 시:작될 수 있도록

한:분한:분 정성껏 모:시겠습니다~

도움이 필요하시면 언제든지 저희를 불러주세요~

본 여객기는 인천국제공항에서

프라하 바츨라프 하벨 국제공항에 도:착할 예:정입니다~

도:착예:정시간은 오:후 8시 30분입니다.

가지고 계:신 휴대전화의 전원은 꺼주시고~

선반을 여:실 때에는 안에 있는 물건이 떨어 질 수 있으니

조:심해 주시기 바랍니다~

안전하고 편안한 여행을 위해 최:선을 다:하겠습니다~

즐거운 여행길 되십시오. 감:사합니다~

현장 리포팅 원고

(노래하듯 음을 붙여) 여수 밤바다~

낭:만을 즐기시는 분들이라면 한 번쯤 들어보셨을 텐데요~

제가 지금 그 여수 밤바다에 나와 있습니다.

밤하늘과 더불어 가슴이 탁~ 트이는 여수 밤바다의

아름다운 풍경을 볼 수 있는데요~

그 중에서도 여수 밤바다를 가장 아름답게 즐길 수 있는 것은

유람선인 '이사부 크루즈'입니다.

여수의 밤바다를 가족 그리고 연:인과 함께 즐기면서,

불꽃놀이를 즐기면 사랑과 낭:만이 더욱 가득할 것 같네요~

특히 배 위에서 불꽃놀이 쇼를 하는 유람선은 '이사부 크루즈' 뿐이기 때문에

오시는 분들이 더욱 특별하게 느끼실 수 있을 것 같습니다.

시원한 바닷바람과 함께 낭:만과 사랑을 즐기고 싶으신 분들이라면~

여수 밤바다로 놀러 오시는 건 어떨까요?

지금까지 여수 밤바다에서 OOO이었습니다.

장단음 훈련

우리말은 긴소리인 장음과 짧은 소리인 단음으로 나뉘는데요. 평소에는 장음을 표기하지 않지만, 자주 쓰이는 단어나 헷갈리는 단어들의 장단음을 알아두면 의미 전달력이 높아지고, 고급스러운 말하기를 할 수 있습니다. 또한, 장단음을 사용해 같은 소리를 가진 단어의 의미를 구별할 수 있어요.

눈(신체) / 눈:(내리는 눈)

발(신체) / 발:(햇빛 등을 가리는 물건)

말(동물) / 말:(입으로 소리내는 말)

밤(낮과 밤) / 밤:(먹는 밤)

배(선박, 신체, 과일) / 배:(2배, 3배)

벌(형벌) / 벌:(곤충)

해(햇님) / 해:(해악)

말이 말:을 한다.

밤에 밤:을 먹는다.

벌:에게 쏘이는 벌을 받았다.

햇빛이 세서 발로 발:을 내렸다.

배를 작년보다 배:는 더 많이 수확했다.

눈:이 내리는 모습을 눈으로 바라보았다.

해가 중천일 때는 피부에 해:를 끼칠 수 있다.

숫자는 2, 4, 5, 만, 둘(두), 셋(세), 넷(네), 열, 쉰 9개의 장음으로 이루어져 있습니다.

264명

[이:백육십사:명]

2021년 4월 5일

[이:천이:십일년 사:월 오:일]

10시 35분 46초

[열:시 삼십오:분 사:십육초]

4타수 1안타 2득점 2볼넷. 시즌타율은 2할3푼8리에서 2할4푼1리로 상승했다.

[사:타수 일안타 이:득점 이:볼넷. 시즌타율은 이:할삼푼팔리에서 이:할사:푼일리로

상승했다.]

장음에 유의하며, 호흡과 발성을 사용해 자연스러운 낭독을 해봅시다.

2:009년 전체 결혼에서 국제결혼이 차지하는 비:율은 10.8%로 결혼하는 10[열:]쌍중 1쌍 이:상이 국제결혼 부부이다. 특히, 국제결혼한 사람 중 한:국인 남자와 외:국인 여자의 결혼 비:율은 2:000년 5:9.8%에서 2:009년 75:.5:%로 크게 증가하였다. 국제결혼한 부부 간의 연령차[열령채]는 2:000년 이후 증가하는 추세인데 2:009년 현:재 국제결혼 부부의 연령차는 국내 결혼 부부의 연령차보다 다섯 배: 이:상 크다.

– 〈KBS한국어능력시험 제21회 기출문제〉

오늘 2:6일 열리는 한:국은행 금융통화위원회에서[그융통화위원회에서] 기준금리 인상이 단:행될지 초미의 관심사가 되었다. 7월 정기회:의에서 한은 총:재를 제외한 위원 6명 중 5명이 금리인상 필요성에[필요썽에] 공:감했다. 또한 세:계 각국은 미국의 긴축에 대:비, 금리인상 등으로 선제적 대:응에 나서고 있다. 신흥국 중에서는 브라질이 지난 4:일 기준금리를 연 5:.2:5:%로 올렸고 터키는 1년여 만에 무려 10.75:%p나 인상했다. 러시아도 올해 세 차례나 인상, 기준금리가 현:재 5:.5:0%p에 이르고 있다.

통화정책의 중:요한 목표 중 하나인 물가안정을 위해서도 금리인상이 필요하다. 지난 7월 소비자물가 상:승률은 2:.6%로 9년여 만에 최고치를 기록했다. 특히 농축산물 물가는 1년 전보다 9.6%나 올라 서:민가계 부:담을 가중시키고 있다. 금리인상이 단:행되면 기준금리가 현 0.5:%에서 0.75:%로 인상될 가:능성이[가:능썽이] 크다.

– 내일신문 〈기준금리 인상과 경제 불확실성 확대〉

속도 훈련

아나운서의 목소리를 들어보면 안정적인 속도로 말을 하는 특징이 있습니다. 이처럼 속도는 말의 전체적인 느낌을 좌우할 수 있기 때문에 적당한 속도로 조절하는 훈련이 필요합니다. 아래의 원고를 정해진 초에 맞춰 낭독해 보세요.

연습 TIP

천천히 발음, 발성, 억양, 장음에 유의하며 낭독 연습을 한 뒤, 시간을 재며 속도 훈련을 해보세요.

20초 원고

〈행:복한 오:후〉에서 드리는 선물입니다.

디지털 포토 스튜디오 "찰칵"에서 드리는 가족사진 촬영권

건:강한 피부를 위한 선:택 "나다움"에서 드리는 마스크팩

옛: 맛 그대로 "옛날치킨"에서 드리는 치킨 교환권

아름답고 맛있는 떡 "미소떡방"에서 드리는 떡 교환권 까지

모두모두 챙겨가세요~

45초 원고

안녕하세요. 셰프 OOO입니다.

오늘은 시원한 여름철 별미 콩국수[콩국쑤]를 만들어 볼게요.

먼저 흰[힌] 콩은 여러 번 씻어 물에 5시간 불려주시고요.

손으로 콩을 비벼서 껍질을 제거한 뒤, 냄비에 콩이 잠길 정도로 물을 넣고

30분간 끓여줄게요[끄려줄게요].

익힌[이킨] 콩은 물과 함께 믹서기에 갈아주시고요.

끓는 물에 면:을 넣고 찬물을 부어가며 쫄깃하게 삶아준 뒤,

빨래하듯이 찬물에서 충분히 헹궈 줍니다.

그릇에 면:과 간을 한 콩물을 넣고, 채 썬 오이나 토마토를 올린 다음

삶:은 달걀로 마무리하면 고소한 콩국수가 완성됩니다.

콩국수 간은 먹기 직전에 해야 삭지 않으니까요~

꼭 참고해 주세요~ 그럼 오늘도 맛있는 하루 보내세요.

- 〈SBS Radio 생활정보〉

강조 훈련

말을 잘 하는 사람들은 다양한 강조법을 사용합니다. 5가지 강조법을 활용하면 말의 리듬감을 살려주고, 전달력도 높일 수 있어요.

강하게

강조하고 싶은 단어에서 배에 힘을 주고 크게 말해보세요! 큰 소리로 강조가 됩니다.

- 모:든 문:제는 인내가 **최:고의 해:법**이다.

- 그는 결백을 주장하며, 보:도된 내:용을 **강력하게** 부:인했다.

- 승리[승니]는 가장 **끈기 있는 자**에게 돌아간다.

약하게

보통 발성으로 말하다가 중요한 부분을 속삭이듯 작게 말하면, 청중의 집중도가 높아져요!

- 돈:은 머리에 넣고 다녀라. 절대로 **가슴에 품:지 마라.**

- 인생의 비:극이란 사:람들이 삶:을 사는 동안 내:면에서 **잃어가 는 것들이다.**

- 긴 인생은 충분히 좋ː지[조ː치] **않을 수도 있다.** 그러나 좋ː은 인생은 충분히 길ː다.

천천히

중요한 단어에서 한 글자씩 천천히 말해보세요. 청중의 귀에 쏙쏙 잘 들어갈 거예요.

- 한ː국의 갯벌이 **유네스코 세ː계 유산**으로 등재됐습니다.

- 아이들에게 초록의 자연을 선물해 줄, **풀잎나눔숲**으로 초대합니다.

- 우리가 **무슨 생각**을 하느냐가 우리가 **어떤 사ː람**이 되는지를 결정한다.

한 글자를 길게

모음을 길게 늘려줌으로써 수량이나 감정, 상태 등을 강조할 수 있어요.

- 배가 **너~무** 고파서 허겁지겁 음ː식을 먹었다.

- 이 침ː대는 **푹신~**하고 **편안~**해서 숙면을 돕ː습니다.

- **많ː~이**[마ː니] 읽어라. 그러나 **많ː~은** 책을 읽지[익찌]는 마ː라.

멈추기

2~3초 정도 쉼을 주어서 긴장감을 유발할 수 있답니다. 강조하고 싶은 문장 앞에서 잠시 쉬어보세요.

- 제 2:0회 창:업아이디어 대상은 /// 000입니다.

- 좋:은 목소리의 비:결 /// 과:연 무엇일까요?

- 순간들을 소:중히 여기다 보면 /// 긴 세:월은 저절로 흘러간다.

짧은 문장으로 5가지 강조법을 훈련해 봅시다.

우선, 문장을 읽어본 후 어울리는 강조법을 체크해 보세요. 최대한 다양한 강조법으로 자연스럽게 낭독해 봅시다.

- 실패도 성공도 내 인생의 한 페이지다. 위기는 분명 성장의 기회가 된다.

- 누구에게나 단:점은 있다. 나의 단:점을 안:다는 것은 그것을 바로잡을 기회가 아직 있다는 뜻이다.

- 나를 믿어라. 인생에서 최대의 성과[성꽈]와 기쁨을 수확하는 비:결은 위험한 삶:을 사는 데 있다.

- 어떤 분야에서든[분냐에서든] 유:능해지고 성공하기 위해선 세 가지가 필요하다. 타고난 천성과 공부 그리고 부단한 노력이 그것이다.

- 미:래에 사로잡혀[사로자펴] 있으면 현:재를 있는 그대로 볼 수 없:을 뿐 아니라 과:거까지 재:구성하려 들게 된다.

강조법이 많이 사용되는 홈쇼핑 원고를 연습해 봅시다. 판매하는 상품이 돋보일 수 있도록 굵은 글씨로 표시된 부분에 5가지 강조법을 다양하게 적용해 보세요.

홈쇼핑 원고

맨질맨질 빨갛고 예쁜 사과!

원래도 이렇게 예쁜데 씻어 나와 더 예쁜! **경북 안동 사과**로 인사드립니다.

안녕하세요~ 저는 쇼호스트 000입니다.

사과는 남녀노소 할 것 없이 다들 좋아하실 거예요.

그중에서도 **경북 안동 사과!** 하면 다들 인정해 주시죠.

경북 안동은 일조량이[일쪼량이] 많고 낮과 밤의 기온차가 심해서

꿀이 꽉 차는 **"밀병현상"**이 일어나는데요.

맛과 영양은 두말할 필요가 없겠죠~

겉에서부터[건테서부터] 느껴지지 않나요?

새빨간 색깔에 줄무늬[줄무니/줄무늬], 노란 점까지 **선명하게** 들어가 있죠?

이게 바로 맛있는 사과라는 걸 보여 주는 겁니다.

바로 맛을 좀 볼게요~ **너무** 맛있어요.

한입 깨무는 순간부터 수분감이 **확** 느껴지고,

속:이 **꽉** 찼다는 느낌이 확 들어요!

역시 꿀맛이네요~

저는 건강을 위해서 아침마다 사과를 꼭 챙겨 먹거든요.

식이섬유가 많아서 배변활동을 도와주고,

팩틴성분이 콜레스테롤 축적을 막아주기 때문에

지방이 쌓이지 않고 **성인병 예:방**에도 도움을 줍니다.

프레젠테이션에서 강조법을 활용하면 전달력을 높일 수 있어요. 스스로 5가지 강조법을 다양하게 체크한 후, 호흡과 발성을 사용해 신뢰감 있는 목소리로 낭독해 봅시다.

프레젠테이션 원고

저희 회사는 '편안함, 쉼의 시작'이라는 테마로 신제품을 출시하고자 합니다.

집에서 다양한 활동을 즐기는 사:람들의 라이프 스타일을 반:영해

이를 지원하는 모듈형 가구의 편리함에 중점을 뒀습니다.

커스텀 옷장 시리즈는 8가지 모듈로 구성해 취향, 패턴에 따라

조합이 가:능합니다.

옷장 도어는 곰:팡이나 세:균의 번식을 막도록 기능성 마감재를 사용했고,

8가지 수납 설계를 적용해 부피가 큰 이불부터 여름 의류까지

수납이 가:능하도록 제:작했습니다.

프레젠테이션 원고

정부에서는 〈꿈을 향:해 나아가라〉라는 프로젝트를 만들어 동:계올림픽 시:설과 선수들 훈:련비:용을[훌:련비:용] 위해 펀드를 조:성했습니다.

이 프로그램 덕분에[덕뿌네] 한:국은 벤쿠버에서 제 메달을 포함해 14:개의 메달을 땄고, 우리는 82:개국 국가들 중에서 7위를 거두었습니다.

앞으로 더 좋:은 결과를 얻:기 위해서 우리는 2:018년 평창에 새로운 장소를 마련해야 한다고 생각합니다. 새로운 지평선이 떠오르고 이것은 유:산으로 남을 것입니다. 이것은 아마 장소가 어디인가 보다 더 중요할 것입니다.

저는 인류의[일류에] 유:산을 말하고 있습니다. 제 자신이 바로 한:국의 동:계 스포츠의 질을 향:상 시키는데 정부의 노력이 들어가 있는 살아있는 유산이라고 말:씀드리고 싶습니다.

           – 김연아 선수 〈평창 2018 동계올림픽 유치를 위한 PT원고 중〉

162

프레젠테이션 원고

지금부터 2:02:2:년 창:업트렌드에 대한 발표를 시:작하겠습니다.

현:재 우리는 기회와 위기가 공:존하는 시대를 살아가고 있습니다.
포스트코로나 시대의 변:화는 새로운 시장들을 활짝 열:고
창:업자들에게 다양한 기회를 제공하고 있습니다.

그렇다면 2:02:2:년 창:업 트렌드에는 어떤 것들이 있을까요?

첫째, 융복합[융보캅] 창:업입니다.
소비자가 온라인, 오프라인, 모바일 등 다양한 경로[경노]를 넘나들며 상품을
검:색하고 구매할 수 있는 옴니채널 시대를 맞아 상품 제:조, 서비스, 유통, 미
디어가 하나로 융합된 창:업이 대:세가 될 것입니다.

둘째, 리사이클 창:업입니다.
점차, 환경의 중:요성[중요썽]이 부각되면서 리사이클에 대한 관심 또한 높아지
고 있습니다. 올해는 온라인 중고 거:래는 물론이고 오프라인에서도 리사이
클 창:업이 활발해질 전:망입니다.

셋째, 솔로 이코노미입니다.
우리나라 전체 가구의 62:.6%가 1~2:인 가구이며, 그 중 39.2:%가 1인 가

구로 구성되어 있습니다. 따라서 소비형태의 변:화는 더욱 세:분화되고 다양화 될 것입니다. 표적고객화[표적고개꽤]를 위한 상품규격과 중:량 그리고 활용성에 집중하는 비즈니스들이 늘어나고 있습니다.

창업을 준:비하고 계신 여러분!
2:02:2:년 창업트렌드 키워드인 융복합, 리사이클, 솔로 이코노미를 꼭 기억하시기 바랍니다.

앞서 훈련한 강조법을 적용해서 MC원고를 낭독해 볼게요.

분위기를 살릴 수 있는 밝은 톤과 부드러운 발성으로 자연스러운 말하기를 해보세요.

음악회MC 원고

여러분 안녕하세요. 반갑습니다, OOO입니다.

오늘 〈열린 음악회[으막쾨]〉는요, 무더위에 지치신 여러분들을 위해 가슴 뻥 뚫리는 시원한 무대들을 많이 준:비해 보았는데요. 여름하면 하면 뭐가 떠오르시나요?

저는 "여:름휴가"가 제일 먼저 떠오르는데요. 생각만해도 가슴이 설레입니다. 시원한 여:름 바다, 아이들 웃음소리가 가득한 계곡, 호텔에서 편안하게 휴식을 즐기는 호캉스까지! 무더위에 지쳐있을 때 떠나는 여행은 달콤한 휴식이 될 텐데요.

오늘 〈열린 음악회〉와 함께 하시면서 여름에 떠나는 여행 기분, 잠시나마 느껴 보셨으면 좋겠습니다. 먼저 우리를 시원한 여름 바다로 데려가 줄 듀스의 무:대로 시:작해 보겠습니다.

듀스의 〈여:름안에서〉 함께 들어보시죠.

감정 훈련

더 자연스러운 목소리 표현을 하기 위해서는 감정을 풍부하게 실어야 합니다. 상대방은 감정이 풍부하게 실린 목소리에 더욱 공감하고 몰입할 수 있어요.

연습 TIP

머릿속으로 상황을 상상하며 감정에 따라 나의 표정을 과장되게 지어보세요.

드라마 대본

tvN 〈청춘기록〉 : 사혜준 역(박보검)

(괴롭고 슬퍼하며)

오늘은 그냥 넘어가 주세요.

아빠가 지금 뭐라 안 해도 내가 더 괴로우니까 그만해.

괴로운 거 말:함 아빠가 날 이:해해 줄 거야?

오디션 떨어졌어.

군대는 숙제야, 언:제든 갔다 와야 돼.

숙제 안 하면 뭘 해도 머리에서 계:속 떠나질 않아.

그럼 누가 더 괴롭겠어. 내 인생인데 누가 더 괴롭겠어.

가난한 거 좋:아. 근데 이렇게 사:람을 물어뜯어야 되냐?

사회에서 물어뜯기고 집에 와서는 더 뜯기고.

가족이라면서 날 위한다면서.

고등학교 졸업하고 지금까지 아빠한테 손 벌:린 적 한 번도 없:어.

왜: 내 미:래를 자기네들끼리 상:상해서 날 무시해?

오디션 떨어졌다 그럼

안 됐다, 얼마나 마음이 아프겠냐, 이러는 게 상식 아니야?

잘 됐다, 군대 가야 된다, 그게 인간이냐?

tvN 〈간 떨어지는 동거〉 : 이담 역(혜리)

(심장 떨리는 것을 참으며 약간 화난 듯)

그게 대:체 왜: 궁금하세요, 어:르신?

기억이 지워졌는지, 안 지워졌는지, 그게 대체 왜: 궁금하냐고요.

진짜 나한테 왜 이래요, 어:르신?

내가 어:르신 뭐: 돈:이라도 떼:먹었어요?

내가 어르신 삥이라도 뜯었냐고요.

대:체 왜: 그러냐고 나한테 진짜.

제가 얘:기했잖아요. 저 진짜 질척거림에 끝판왕이라고.

근데 왜: 이렇게 나타나서… 하지 마세요, 아:무것도.

얘:기도 하지 말:고 아:는 척도 하지 말:고 아:무것도 하지마세요.

혼자서 마음대로 다: 끝내놓고 대:체 왜: 그러세요?

이렇게 걱정도 하지 말:고, 막 덥석덥석 잡지도 말:고.

계:속 떨리잖아요. 어:르신이 그럴 때마다

심장이 막 온:몸에서 뛰는 것 같단 말:이에요.

드라마 대본

tvN 〈갯마을 차차차〉 : 윤혜진 역(신민아)

(설레고 벅차는 마음으로)

오늘 꼭 해야 될 말:이 있어서.

좋:아해. 나 홍반장 좋:아해.

나는 아흔 아홉 살까지 인생 시간표를 짜 놓은 계:획형 인간이야.

선 넘:는 거 싫어하는 개:인주의자에 비싼 신발을 좋:아해.

홍반장이랑은 정:반대지.

혈액형[혀래켱] 궁합도 MBTI도 어느 하나 잘 맞는 게 하나도 없:을걸?

크릴 새우 먹는 펭귄이랑 바다사자 잡아먹는 북극곰만큼 다를 거야.

근데 그런 거 다: 모:르겠고 내가 홍반장을 좋:아해.

(홍반장의 입을 막으며)

아:무 말:도 하지마.

그냥 뭐: 어떻게 해달라고 하는 거 아니야.

자꾸 내 마음이 부풀어 올라서 이러다가 아:무때나 빵 터:져 버릴 거 같아.

나도 어쩔 수가 없:어.

감정표현이 조금 익숙해졌다면, 감정을 실어 광고 멘트를 낭독해 볼게요. 광고 멘트는 상대방에게 이야기하는 듯한 자연스러운 감정표현과 힘있는 발성이 중요합니다.

연습 TIP

광고하는 상품이 무엇인지를 생각하며, 상품이 강조될 수 있도록 낭독해 보세요.

광고 멘트

신라면 광고 : 하정우 편

(위로해주는 느낌에서 공감과 격려의 느낌으로)

실패 좀 하면 어때요~ 좀 넘어지고 그럴 수 있지.

라면을 봐. 물에도 빠:지고 불에도 팔팔 끓고 하니까, 맛있어지잖아.

아~ 얼마나 맛있겠어. 신라면 먹을 사:람?

좋은 발성과 풍부한 감정이 담긴 목소리로 다큐멘터리 내래이션 낭독을 해볼게요.

다큐멘터리는 실제로 있었던 어떤 사건을 사실적으로 담은 영상물이나 기록물이기 때문에 목소리에도 진정성이 담겨 있어야 합니다.

연습 TIP

다큐멘터리 분위기에 어울리는 목소리 톤과 내용에 맞는 감정을 살려 낭독해 보세요.

다큐 내레이션

KBS 1TV 〈시사기획 창〉

(따뜻하고 차분하게)

같은 동:네라도 하늘에서 내려다보면 달리 보입니다.

거미줄처럼 얼기설기 엉킨 전:깃줄[전:기쭐/전:긴쭐] 너머로

낡은 집들과 비:좁은 골:목길이 펼쳐집니다.

누:추하고 너저분하냐고요?

그럴지도 모:르죠. 그렇지만[그러치만] 가만히 생각해보세요.

얼마 전까지만 해도 우리에게 아주 익숙한 동:네 풍경이었습니다.

이렇게 삐뚤삐뚤한 골:목길도 마찬가지고요.

이 집에 살:았던 사:람들의 흔적이 아직 남아있고

수:십 년 전 자란 마당의 나무들은 초록빛을 뽐내고 있는데

이 동:네는 곧 철거될 운:명입니다.

어떤 이들에겐 빨리 떠나버리고 싶은 곳일 수도 있지만

왠지 모:르게 웃음이 나는 추억의 공간이기도 합니다.

라디오DJ 원고를 통해 감정을 실은 자연스러운 말하기를 해볼게요. 라디오 매체의 특성상, 음성으로 많은 이야기를 전달해야 하기 때문에 좋은 목소리는 필수입니다. 공명을 활용해 풍성하고 좋은 발성으로 부드러운 말하기를 해보세요.

연습 TIP

원고의 내용에 맞게 감정을 잘 살려 청취자와 대화하듯 자연스럽게 낭독해 보세요.

라디오DJ 원고

SBS 러브FM 〈박소현의 러브게임〉

미야자키 하야오의 애니메이션 〈귀를 기울이면〉에는
친구, 지인, 좋아하는 사:람의 차이가 나옵니다.
이:유 없이[이유 업씨] 만나고 싶으면 친구,
이:유가 없으면[업쓰면] 만나지 않는 건 지인,
이:유를 만들어서라도 만나고 싶다면 좋아하는 사:람

어릴 때는 누구나 친구였지만 갈수록[갈쑤록] 지인만 늘어납니다.
별 볼일 없는 이야기를 밤새 나눌 수 있는 소:중한 사이.
하루를 정:리하는 저녁시간에는 지인보다 친구가 보고 싶어집니다.

라디오DJ 원고

MBC FM4U 〈푸른밤, 옥상달빛입니다〉

가까운 친구의 생일이 다가오자 생일 선물을 고민하다가
그냥 친구에게 물어보기로 합니다.
괜히 마음대로 골랐다가 마음에 들지 않을까 봐
뭐가 필요하냐고 물었더니, 친구는 이렇게 말했죠.
"필요한 건 없는데 갖고 싶은 건 많:아."

물건을 고를 때 필요한 것과 갖고 싶은 것을
혼:동하는 경우가 많은데요.
이미 있는 것, 일상생활[일쌍생활]에 없어도 불편이 없는 것,
이것은 필요한 게 아니라 갖고 싶은 거죠.
당연히 필요한 것만 사는 것이 현명한 소:비지만
갖고 싶은 것을 사야 하는 날이 있어요.

기분이 영 좋지 않을 때, 만:사 귀찮고 의:욕이 없을 때
마음을 다잡을 때, 이럴 땐 눈을 딱 감고 결제를 해야 합니다.
너무 한쪽으로 치우치지 않도록 필요한 것과 갖고 싶은 것의 균형을
잘 맞추는 것도 중요하고요.
해야 할 일과 하고 싶은 일의 균형도 잘 잡아줘야
지치지 않고 계속 걸어갈 수 있는 원동력[원동녁]이 생기는 거겠죠.
하루의 끝, 위로의 시:작! 여기는 옥상달빛입니다.

이제 상대방과 호흡을 맞춰 대화하듯 2MC 원고를 낭독해 봅시다.
혼자 연습할 때보다 더 자연스러운 감정을 실을 수 있을 거예요.

연습 TIP

원고 내용에 따라 목소리 톤과 속도를 다양하게 사용해 보세요.

2MC 원고

KBS1 〈도전! 골든벨〉

남 : 문:제가 남느냐!

여 : 내가 남:느냐! 도전~

함께 : 골든벨!

남 : 안녕하세요. 도전 골든벨 OOO입니다.

여 : 안녕하세요. OOO입니다.

남 : 오늘 저희가 찾아온 곳은 충남 청양에 위치한 정산고등학교입니다.

여 : 네, 정산고는 1972:년에 개교한 역사와 전:통이 깊은 학교인데요.
칠갑산 기슭[기슥]에 위치해서 아주 깨끗하고 좋:은 환경에서
공부하고 있다고 합니다.

남 : 그리고 또 청양 하면 고추가 유:명하잖아요~
오늘 학생들이 매운맛 좀 보여줄까 싶은데요.
여러분, 오늘 화끈하게 골든벨 울릴 수 있죠?

여 : 정:말 자신 있나요? 학생들의 함:성을 들어보니까,

　　오늘 골든벨 울리는 데는 충분할 것 같네요~

남 : 네, 좋:습니다. 그럼 청양 전산고등학교의 빛나는 도전! 지금 바로

함께 : 시작합니다~!

2MC 원고

〈스포츠〉

남 : 안녕하세요. 아나운서 OOO입니다. 한 주간의 스포츠 소식을 안방까지

　　꿀잼 배:송해 드립니다. 스포츠 매거진에 오신 것을 환영합니다.

여 : 안녕하세요. 아나운서 OOO입니다.

남 : 오늘 분위기. 평소보다 더 으스스하지 않으십니까?

　　바로 핼러윈데이잖아요.

여 : 네, 예:년 같으면 밖에서 좀 특별하게 보내셨을 텐데

　　올해는 코로나19로 인해서 집에서 많:은 분들이 시간을 보내실 거 같아

　　서 저희가 대:신 기분을 내: 드리면 어떨까 하고,

저랑 OOO 아나운서가 조금 변:신을 해봤거든요. 잘 어울리나요?

남 : 이렇게 핼러윈데이만 되면 매:년 밖에 나가서 재밌는 분장으로,
　　 한:껏 즐기시는 분들이 많은데 올해는 정:말 모두의 안전을 위해서
　　 그러시면 안 됩니다.

여 : 맞습니다. 오늘은 집에서 스포츠 매거진이 준:비한 풍성한 소식과
　　 함께 하시면 좋:을 것 같습니다.

남 : 그래서 제가 이번 주에 핼러윈데이 유령만큼이나 아주 짜릿한 스포츠를
　　 직접 체험해 보고 왔거든요. 정:말 기대하셔도 좋:습니다.
　　 잠:시 후:에 공개하겠습니다.

여 : 스포츠 매거진 오늘 신나게 한번 달려볼 건데요.
　　 첫 번째 소식은 메이저리그 월드시리즈 소식부터 전해드릴게요.
　　 LA다저스가 드디어, 32:년 만에 월드시리즈 우승을 차지했더라고요.
　　 그 짜릿했던 순간으로 함께 가보시죠.

아름다운 목소리를 위한 〈목소리 가드닝〉

Step 6
목소리 꽃 피우기

목소리 꽃이 더 활짝 피어날 수 있도록 낭독 훈련을 해볼게요.
내 목소리 매력을 마음껏 뽐내봅시다.

다양한 원고 낭독

나의 목소리 꽃은 어떤 꽃이었나요? 훈련된 호흡, 발성, 발음을 활용해 다양한 원고에 적용해 봅시다. 각 원고 내용에 맞게 특성을 살려 멋진 낭독을 해보세요.

다큐 내레이션 원고

SBS 〈물은 생명이다〉

생명의 근원인 물길의 시:작, 도랑.

오:염된 도랑을 1급수로 회복하고
마을의 아름다운 추억을 되살리는 생태 복원 프로젝트,
우리 마을 도랑 살리기.

대:지의 모세혈관으로 불리는 도랑은
하천의 생명력[생ː명녀]을 좌:우하는 중:요한 물길이다.

깨끗한 도랑은 깨끗한 강을 만들어 우리에게 생명수를 제공한다.
하지만 소:하천보다 작:은 규모인 도랑은 법적 관리[괄리] 주체가 없:다 보니,
심:각한 오:염에도 무방비로 방:치되고 있다.

물길의 근원인 도랑의 상:류[상:뉴],

법적 기준 만을 강조하는 오폐수의 유입과 관리 부실은

수질은 물론 수생태계 건:강까지 해:치고 있다.

근본적인 오:염원[오:여원]이 해:결되지 않다 보니

도랑 살리기의 취:지마저 무색한 실정이다.

도랑 살리기가 실효성을 갖고 지속적이고

체계적인 관리가 이루어지기 위해

선행되어야 하는 과제는 무엇일까.

경:상북도 서남쪽에 위치한 경:산시:.

뒤:에는 팔공산, 앞에는 금호강을 둔 경:산땅은

작물의 생육이 좋:기로 유:명하다.

그중 금호강 제1지류인 오목천은

넓은 유역 면:적을 자랑하는 경:산시:의 중:요한 물줄기다.

날씨 원고

연합뉴스TV

햇볕[해뼏/핻뼏]이 뜨겁다 못:해 따가울 정도로 내리쬐고 있습니다.
따뜻한 바람까지 불어오면서 열기는 점:점 쌓이고 있는데요.
따라서 오늘도 기온은 빠른 속도로 올라가고 있습니다.

한낮에 서울이 2:9도:, 광주 30도: 등: 대:부분 지역이 30도: 가까이 올라가
겠고, 대구 등: 영남내:륙지방은 32:도: 안팎까지 치솟겠는데요.
자:외선도 전국적으로 매우 강합니다.

특히 울진 등: 영남동해안 지역은 자:외선 지수 '위험' 단계로
바깥 활동 하실 때는 화:상 입지 않도록 차:단을 꼼꼼히 해주셔야겠고요.
무엇보다 오존도 함께 말썽을 부릴 가능성이 높아 유의하셔야겠습니다.

낮 동안 미세먼지 자체는 '보:통' 수준을 유지하고 있습니다만,
밤부터는 대:기정체에다 국외[구괴/구궤] 유입까지 더해져
수도권 등: 중서부와 영남지방에서 공기가 탁해지겠습니다.

여러모로 비소식이 간:절합니다만 당분간 별다른 비예:보가 없:습니다.
내일 충청과 호남 내:륙에 소나기만 잠:시 지날 뿐인데요.

더위는 더 심:해지겠습니다.

일요일에는 서울도 32:도:까지 올라가는 등:

한낮 기온이 쭉 30도: 안팎에 머물 예정입니다.

지금까지 날씨였습니다.

교통 원고

낮에 내린 눈:으로 인해 도로가 미끄러운 곳이 있겠습니다.

교통안전에 각별히[각별히] 유의하시기 바랍니다.

현:재 주말 이동 차량들로 혼:잡했던 도로들이 정:리가 되고 있는 모습인데요.

정체로 인한 불편 없이 원활한 흐름 이어지고 있습니다.

다만 경부고속도로 일부 구간에서는 아직 교통량[교통냥] 남아있는데요.

경부고속도로 부산방향으로, 잠원부터 서초 부근

4:km 구간에서 좀:처럼 속도 내지 못하고 있고요.

이어지는 서울요:금소 부:근 6차로부터 8차로까지는

'시설물 점검 작업' 중이니까요, 차로 변:경에 유의하셔야겠습니다.

그 밖의 구간에서는 수월하게 지나실 수 있고요.

서해안고속도로와 영동고속도로는 양방향, 전 구간에서

원활한 흐름 보이고 있어서, 목적지까지 제 속도 낼 수 있겠습니다.

이어서 날씨로 인해 불편 따르는 구간도 전해드립니다.

먼저 서울양양고속도로 강일부터 양양 갈림목 부:근 양방향

눈길 주의하셔야겠고요.

영동고속도로도 역시, 여주 갈림목부터 강릉 갈림목 부:근 양방향으로

눈:이 쌓여 있어서 서:행으로 지나셔야겠습니다.

삼척–속초 동해고속도로 근덕부터 속초 부:근 양방향으로는

'강풍 주의' 구간인데요. 이 구간 지나실 때는 차체 흔들림 없도록

속도를 줄이시는 게 좋겠습니다.

중앙고속도로는 횡성부터 홍천 부:근 양방향으로

안:개 때문에 가:시거리가 짧은[짤븐] 상황이고요.

풍기부터 단양 부:근 양방향으로는

비가 내리고 있어 도:로가 미끄러울 수 있습니다.

미끄럼 사:고 없도록[업또록] 속도에 각별히[각뼐히] 신:경 쓰셔야겠습니다.

SBS 〈베이스볼 투나잇〉

안녕하세요. 베이스볼 투나잇 OOO입니다.

롯데가 삼위 수성에 성공했습니다.

린드블럼 선수가 다섯 경기 연속 호투행진을 이어가고 있고요.

타선은 15:안타 7득점 투타의 활약 속에 4:연승을 이어가고 있는 롯데죠.

반면 SK는 선발 다이아몬드 선수의 부진이 뼈아팠습니다.

하지만 패배 속 5:강 진출을 확정했습니다.

빠른 순위확정[수뉘확쩡]을 위해 두 팀 모두에게 중요했던 경기였습니다.

순간의 실수도 허용하기 힘들었던 중요한 일전[일쩐]이었는데요.

그런 의미에서 오늘 두: 팀은 4:회가 승부처가 됐습니다.

SK가 먼저 삐끗하는[삐끄타는] 사이에 롯데가 선취점[선취쩜]을 포함해 빅이닝

까지 선보였죠?

SK 입장에서 본다면 나오지 말아야 하는 실책이 나오면서

오늘 경기를 롯데에게 내:주고 말았습니다.

두산 CF 〈사람이 미래다〉

푸른 꽃은[꼬츤] 푸르러서 예:쁘고,

붉은[불근] 꽃은 붉어서 예:쁩니다.

가을은 알록져서 아름답고,

겨울은 빛이[비치] 바래 아름답죠.

자신에게 없:는 모습을 부러워하지 마:세요.

있는 그대로 당신은 충분히 아름다우니까요.

사:람이 미:래다.

KBS 2Radio 〈유지원의 밤을 잊은 그대에게〉

요즘처럼 추운 날에도요,

날씨 따윈 전혀 상관없:다는 듯이

공원에서 신나게 보드 타는 아이들, 더러 보게 되죠.

지나가던 어:른들이 그 모습 보:시면 꼭 이렇게 한 마디 하세요.

'아이고, 젊:다 젊:어. 춥지도 않은가 봐. 역시 젊:음이 다르긴 다르네.'

그런데 이 단어엔 재미있는 비:밀이 하나 있어요.

'젊:다'는 분명히 상태를 나타내는 형용사지만,

'젊:다'의 반:대말인 '늙다'는 신기하게도 동:사인 거 있죠.

그래서요, '늙고 있다', '늙어가고 있다' 이렇게는 쓸 수 있지만

'젊:고 있다' 이런 말:은 문법적으로 어긋나는[어근나는] 거죠.

젊:음에 머물러있는 순간은 그만큼 짧기 때문일까요?

그런데 그 짧은 순간을 지나고, 서:서히 나이 들어가는 것도

그다지 나쁘지 않다는 걸 어느 순간 깨닫게 돼요.

늦가을에서 겨울로 접어드는 이맘때도,

꽃 피는 봄처럼 멋지다는 걸 알:게 될 때쯤이면 말:이죠.

OOO의 〈밤을 잊은 그대에게〉

목소리 관리법

씨앗이 아름다운 꽃을 피우기 위해 좋은 토양이 필요하듯, 좋은 목소리에도 꾸준한 목 관리가 중요해요. 아래 내용은 저자들이 10년 이상 좋은 목소리를 내기 위해 노력했던 방법들입니다. 훈련하는 동안 아래의 〈목 관리법〉을 실천해 볼까요?

- 좋은 목소리를 위해 잠을 푹 자는 것이 중요해요.

피로는 수면 박탈을 초래해 성대 기능 저하, 목소리 변화를 유도합니다. 6시간 미만의 수면은 목쉼과 관련성이 있다는 연구 결과도 있어요. 좋은 목 컨디션을 위해 7시간 이상의 충분한 수면시간을 가져주세요.

- 목이 건조해지지 않도록 미지근한 물을 자주 마셔주세요.

성대는 피부가 아니라 점막이기 때문에 말을 많이 하거나 건조한 환경에서는 점액질이 끈적끈적해지면서 목소리가 갈라지거나 탁해질 수 있어요. 물을 자주 마셔 성대의 습도를 일정하게 유지하는 것이 아름다운 목소리를 갖는 비결이랍니다.

– 에어컨이나 히터 바람을 직접적으로 쐬는 것은 피해주세요.

에어컨 바람이나 히터 바람은 공기를 건조하게 만들고 호흡기를 통해 성대까지 건조하게 만들 수 있어요. 최대한 간접바람을 이용하거나, 부득이한 경우 가습기로 실내습도를 40~60%로 유지해 실내가 건조하지 않도록 해주는 것이 좋습니다.

– 술, 담배는 목에 해롭기 때문에 자제해주세요.

알코올 성분은 성대를 건조하게 만들고, 담배 연기 또한 입 다음으로 성대를 거쳐 후두와 기관지로 들어가는데, 이때 담배의 유해성분이 성대점막을 마르게 하거나 손상을 줄 수 있답니다. 최대한 자제해주는 것이 좋겠죠?

– 맵고 짜고 기름진 자극적인 음식을 피해주세요.

목소리가 나오는 곳과 음식물을 삼키는 통로가 다르기 때문에 목에 바로 영향을 주는 것은 아니지만, 자극적인 음식은 역류성 식도염을 유발할 수 있습니다. 역류성 식도염으로 위산이 역류하고, 이로 인해 목이 쉬거나 목에 이물감이 느껴질 수 있으므로 조심하세요.

- 커피, 녹차 등의 카페인 섭취를 줄여주세요.

카페인은 체내의 수분을 몸 밖으로 배출시키는 이뇨 작용을 유발하고, 이로 인해 성대의 점액 분비를 감소시켜요. 또한 위산을 역류시켜 성대가 손상될 수 있기 때문에 피하는 것이 좋습니다.

- 스카프나 목도리로 목 보온에 신경써주세요.

날씨와 기온으로 인해 몸의 면역력이 떨어지거나 체력이 떨어지면 목 건강에 좋지 않습니다. 스카프나 목도리로 목을 따뜻하게 유지해주는 것만으로도 혈액순환을 돕고, 목감기를 예방할 수 있어요. 좋은 목소리를 위해 목 건강을 잘 챙겨주세요.

- 목에 무리가 갈 정도의 큰 소리는 삼가세요.

사람이 많은 장소나 노래방 같은 곳에서 큰 소리를 내게 되면 성대의 무리를 주게 되어 쉰 목소리의 원인이 됩니다. 큰 소리를 낼 때에는 성대에 무리가 덜 가도록 복식호흡을 활용해 소리를 내주는 것이 좋습니다.

- 유자차, 모과차, 도라지배즙 등을 마셔주면 목 건강 유지에 효과적입니다.

유자는 목과 기침을 완화 시키는 리모넨 성분을 함유하고 있고, 모과에는 비타민C가 많아 면역력과 감기 예방에 좋습니다. 배는 감기, 천식 등에 좋아 가래와 기침을 없애고 목이 쉬었을 때 도움을 줍니다. 도라지의 사포닌 성분은 호흡기 질환에 효과가 있어 기침, 가래, 천식의 완화에 도움을 줍니다. 목 건강을 위해 자주 마셔주세요.

마무리의 글

그동안 열심히 가꾼 나의 목소리 꽃이 얼마나 아름다운지 확인해 볼까요? 아래의 원고를 작성한 후, 영상으로 촬영해 봅시다.

나의 목소리는 ＿＿＿＿＿＿＿＿ 변화했다.

나는 변화된 목소리로 ＿＿＿＿＿＿＿＿＿＿

＿＿＿＿＿＿＿＿＿＿＿＿ 할 것이다.

앞으로 좋은 목소리를 유지하기 위해

＿＿＿＿＿＿＿＿＿＿＿＿＿＿＿＿＿＿＿＿

나는 ＿＿＿＿＿＿＿＿ 노력할 것이다.

씨앗이었던 나의 목소리 영상과 활짝 핀 나의 목소리 영상을 비교해 보세요.

내가 어떤 꽃인지 알게 되고, 활짝 피어나기 위해 노력한 과정을 통해

앞으로 당신의 삶은 더욱 빛이 날 거예요.

"당신의 목소리는 아름답습니다."

* 지구를 위해 친환경재생지를 사용합니다.

목소리 가드닝

초판 1쇄   2022년 8월 25일
지 은 이   이지안, 김지선
내지삽화   이지안, 김지예
펴 낸 곳   하모니북

출판등록   2018년 5월 2일 제 2018-0000-68호
이 메 일   harmony.book1@gmail.com
전화번호   02-2671-5663
팩   스   02-2671-5662

ISBN 979-11-6747-064-5 13680
© 이지안·김지선, 2022, Printed in Korea

값 18,800원

이 도서의 국립중앙도서관 출판예정도서목록(CIP)은 서지정보유통지원시스템 홈페이지(http://seoji.nl.go.kr)와 국가자료공동목록시스템(http://www.nl.go.kr/kolisnet)에서 이용하실 수 있습니다.

색깔 있는 책을 만드는 하모니북에서 늘 함께 할 작가님을 기다립니다.
출간 문의 harmony.book1@gmail.com